授業の腕が上がる新法則シリーズ

「算数」

授業の腕が上がる新法則

監修 **谷 和樹**

編集 **木村重夫・林 健広・戸村隆之**

JN117423

☀ **学芸みらい社**
GAKUGEI MIRAISHA

刊行のことば

谷　和樹

1　「本人の選択」を必要とする時代へ

今、不登校の子どもたちは、どれくらいいるのでしょうか。

> 約16万人[※1]

この数は、令和元年度まで6年間連続で増え続けています。小学校では、144人に1人、中学校では、27人に1人が不登校です。

学校に行けない原因が子どもたちにあるとばかりは言えません。もちろん、社会環境も変化していますから、学校にだけ責任があるとも言えません。しかし、学校の授業やシステムにも何らかの問題があると思えます。

以前、アメリカでPBIS（ポジティブな行動介入と支援）というシステムを取り入れている学校を視察しました。印象的だったのは「本人の選択」という考え方が浸透していたことです。その時の子ども本人の心や体の状態によって、できることは違います。それを確認し、あくまでも本人にその時の行動を選ばせるという方法です。

これと教科の指導とを同じに考えることはできないかも知れません。しかし、「本人の選択」を可能にする学習サービスが世界的に広がり、増え続けていることもまた事実です。例えば「TOSSランド」は子ども用サイトではありませんが、お家の方や子どもたちがご覧になって勉強に役立てることのできるページもたくさんあります。他にも、次のようなものがあります。

> ①オンラインおうち学校[※2]
> ②Khan Academy[※3]
> ③TOSSランド[※4]

さて、本書ではこうしたニーズにできるだけ答えたいと思いました。

> 激動する社会の変化に対応する教育へのパラダイムシフト〜子どもたち「本人の選択」を保障する考え方、そして幅広い「デジタル読解力」を必須とする考え方を公教育の中で真剣に考える時代が到来しつつあります。

　そこで、教師の「発問・指示」をきちんと示したことはもちろんですが、「他にもこんな選択肢がありますよ」といった内容にもできるだけ触れるようにしています。

2　「デジタルなメディア」を読む力

　PISA2018の結果は、ある意味衝撃的でした。日本の子どもたちの学力はそれほど悪くありません。ところが、「読解力」が前回の2015年の調査に続いて今回はさらに落ちていたのです。本当でしょうか。日本の子どもたちの読解力は世界的にそれほど低いのでしょうか。実は、他のところに原因があったという意見もあります。

> パソコンやタブレット・スマホなどを学習の道具として使っていない

　これが原因かも知れないというのです。PISAがCBTといってコンピュータを使うタイプのテストだったからです。

　実は、日本の子どもたちはゲームやチャットに費やす時間は世界一です。ところが、その同じ機械を学習のために有効に使っている時間は、OECD諸国で最下位です。もちろん、紙のテキストと鉛筆を使った学習も大切なことは言うまでもありません。しかし、写真、動画、Webページなど、全教科のあらゆる知識をデジタルメディアで読む機会の方が多くなっているのが今の社会です。

　そうした、いわば「デジタル読解力」について、今の学校のカリキュラムは十分に対応しているとは言えません。

　本書の読者のみなさんの中から、そうした問題意識をもち、一緒に研究を進めてくださる方がたくさん出てくださることを心から願っています。

※1　文部科学省初等中等教育局児童生徒課『平成30年度児童生徒の問題行動・不登校等生徒指導上の諸課題に関する調査結果について』令和元年10月　https://www.mext.go.jp/content/1410392.pdf
※2　オンラインおうち学校（https://www.alba-edu.org/20200220onlineschool/）
※3　Khan Academy（https://ja.khanacademy.org/）
※4　TOSSランド（https://land.toss-online.com/）

まえがき

1　新しい教科書に対応した向山型算数

　この本は向山型算数の最も新しい手引書です。

　新学習指導要領に準拠した新しい算数教科書に対応しています。

　例えば「主体的・対話的で深い学び」「統計データ教育」や「プログラミング教育」です。いつの時代も変わらない「基礎基本の習得」はメインテーマです。クラス平均90点突破を実現する向山型算数は最高の指導法です。

2　激変した子どものノート

　2枚のノート写真があります。ADHDと診断された4年生A子さんの5月と1月のノートです。激変ぶりに驚きます。特別支援学級に通うA子さん。担任は向山型算数で授業しました。5月はまだ不安定な日もありました。でも、授業のテンポがよいので短時間なら集中できます。だんだんできるようになり、毎時間先生にほめられました。わからない時は先生が赤鉛筆で薄く書いてくれます。なぞっているうちにできるようになりました。A子さんは算数の成績が急上昇しました。これは向山型算数がつくった奇跡の事実です。

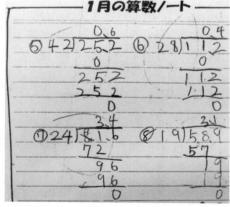

3 わかる・できるから「主体的な学び」が生まれる

　向山型算数で授業すると算数が得意になり、算数好きな子が増えます。「わかる・できる」から自信になり、自己肯定感が上がります。授業前に、「次の時間は算数だ。やった！」「教科書何ページかな」「ノートに日付けを書いておこう」と動き出す子が増えます。「これはとっても簡単だね。どうしてですか？」と問うと「教科書に書いてあります！」と答えます。教科書を先読みできる子が増えるのです。意欲的な姿勢は「主体的な学び」の出発点です。

4 声に出して「説明する」から「対話的な学び」になる

　向山型算数では、大切な基本型を声に出して読ませます。8等分した黒板に板書した答えを声に出して読ませます。目で見て、声に出し、手で書いて身につけます。全国学力テストに毎年出題される「説明問題」に対応して、説明の基本型を全員に教え、類題の解き方を「近くの人に説明してごらんなさい」という授業も行います。これらは「対話的な学び」になります。

5 発展問題に挑戦させて「深い学び」まで到達させる

　授業で学んだ見方・考え方や、解き方の基本型（例えば3点セットや図の描き方、説明の仕方）を使って応用問題を解かせます。発展問題・チャレンジ問題です。学んだ見方・考え方や基本型を応用して同じように解ける、説明できることが「深い学び」へと続きます。

　向山型算数は「深い学び」まで保証します。

6 子どもたちのために、あなたも向山型算数を学びましょう

　向山型算数は教科書をリズムよくテンポよく授業します。（教科書をなぞる授業か。それなら簡単だ）と思われたら大きな間違いです。向山洋一氏は「教科書を教えられる教師は1000人に1人もいない」と断言しました。教科書を教えることは学び続ける教師にしかできません。向山型算数セミナーで技量の高い教師の模擬授業を受けたり、「向山洋一映像全集」や「算数授業DVD」を何度も見たり、サークルに参加して模擬授業したりして学びましょう。この本は、最新・最先端の向山型算数入門シリーズです。

　あなたも向山型算数で素晴らしい「子どもの事実」をつくってください。

向山型算数セミナー講師　木村重夫

目次

I　新指導要領の目玉 「深い学び」に導く授業の条件

II 新教科書の目玉 「データ活用」授業づくりのキモ

ずうっと超難関「割合」
指導成功！ 授業の法則

すべての子どもの学力を保証！
授業の基本

付章　新教科書で押さえたい用語解説

ポイント1 「深い学び」を教室版に定義する

「深い学び」とは、わかりにくい用語である。どこまでを「深い」というのか。「今日の授業でA男は深い学びができていた」と、具体的な場面で教師が使いたい。それには基準が必要だ。目線を低くしよう。教室の授業に役立つように「深い学び」を再定義するのだ。例えばこう定義する。

> 授業で身につけた見方・考え方及び解法を新たな問題に適用できる。

もっと具体的に言えばこうなる。

> 授業で学んだ「図」「3点セット（式・筆算・答え）」の方法で、新たな問題をノートに解ける。授業で学んだように「解き方の説明」ができる。

このような状態に至ったとき、その子は「深い学び」ができたと言い切る。①図、②3点セット、③説明という3つの具体的な解法ができるためには、問題の解き方を考え、学んだ技法を応用する必要がある。「どのように解けばよいかな」という戦略が「見方・考え方」だ。それを適用問題・応用問題・発展問題で使いこなせるかどうか、ここに深い学びができたかどうかの検証ポイントがある。

ポイント2 45分で適用問題まで解かせる

研究授業や公開授業でたった1問を20分も「自力解決」させ、できる子に解き方を発表させる授業がある。そのような授業でしばしば起こる「困った事態」は、適用問題・応用問題を解く時間が不足してしまうことだ。最悪なのは授業時間を延ばすこと。45分授業を60分まで延ばしたらもう授業とは言えない。子どもから深い学びの時間を奪っている。限定された45分間の枠組み内でいかに「深い学び」を追究できるか、それこそが授業研究である。

新指導要領の目玉
「深い学び」に導く授業の条件

深い学びを実現する時間を確保してやらなくてはならない。

ポイント3　解き方や説明の仕方を初めはしっかり教える

新教科書の最初に次の問題がある。おはじきで正三角形の形を作る。
「10番めの正三角形の形を作るのに、おはじきは何個必要ですか。」

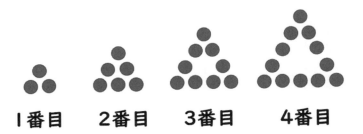

（東京書籍5年上）

4月の最初の授業である。「エラーレス」でどの子も「できた」「できた」という授業にしたい。教科書の解き方の例示を見せ、参考にさせる。

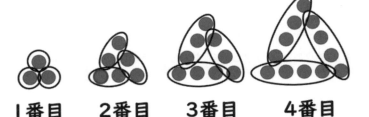

「同じように、教科書の図を囲んでごらんなさい。」

1番目は単純すぎてわかりにくいので、2番目から問う。3番目4番目と囲ませ、個数を指名で問う。図の近くに個数を書き込ませる。

> 5番目の図を同じようにノートに描きます。書けたら持っていらっしゃい。

図を描くのは難しい。一人一人チェックする。「5番目」「個数」も書いてあるか。どうしても描けない子には後で赤鉛筆で薄く書いてやってなぞらせる。

　早くできた子には6番目、7番目も描かせて空白をなくす。

　次に、結果を「表」に書かせる。規則性に気づいた子は10番目まで表に書き込めるだろう。

ポイント4　ノートの解き方や説明は新たな問題を解く型である

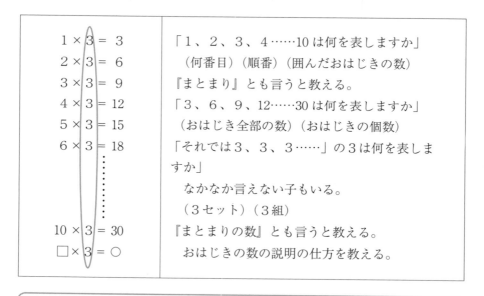

1 × 3 = 3	「1、2、3、4……10は何を表しますか」
2 × 3 = 6	（何番目）（順番）（囲んだおはじきの数）
3 × 3 = 9	『まとまり』とも言うと教える。
4 × 3 = 12	「3、6、9、12……30は何を表しますか」
5 × 3 = 15	（おはじき全部の数）（おはじきの個数）
6 × 3 = 18	「それでは3、3、3……」の3は何を表しますか」
	なかなか言えない子もいる。
	（3セット）（3組）
10 × 3 = 30	『まとまりの数』とも言うと教える。
□ × 3 = ○	おはじきの数の説明の仕方を教える。

> 2番目は2個のまとまりが3つできます。だから2×3で6個です。

　3個目を言わせる。指名する。全員で言わせる。

（3番目は3個のまとまりが3つできます。だから3×3で9個です。）

> 　それでは、10番目は何個でしょうか。ノートに、同じように説明を書きなさい。書けたら持っていらっしゃい。

ポイント5　深い学びの成功体験を全員に経験させよう

　10番目はわかった。原理がわかればもっと先まで答えられるはずだ。

念のため。20 番は何個必要ですか。（60 個）

100 番目は？（300 個）　式は？（100 × 3）

すごいなあ。念には念を入れて。1000 番目は？（3000 個）

式は？（1000 × 3）

次々と問う。子どもたちは元気に答える。力強くほめる。

テンポよく進めれば、まだ 15 分以上残っている。

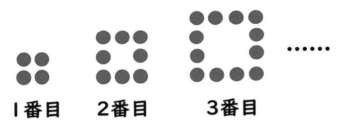

　今度は正方形の形に並べます。10 番目の正方形の形を作るのに、おはじ
きは何個必要ですか。ノートに同じように図や式や言葉を書いて求めなさ
い。

正三角形のときのノートが役立つ。同じように進めればよい。

低位の子には赤鉛筆で個別指導。早くできた子 8 名に板書させる。

①図が描ける。②式・筆算・答えの 3 点セットができる。③「10 番目は 10
個のかたまりが 4 つできます。だから、10 × 4 で 40 個です。」と説明できる。

　3 つともできたら「深い学び」の達成である。全員にここまで体験させたい。

（木村重夫）

1年 「たすのかな　ひくのかな」

POINT!
図をかく、書き込むことで、立式ができ、
深い学びに導くことができる。

　文章問題を解くために「図をかく」ということは、小学校だけでなく、中学校以降でも使う大事なスキルである。どのように指導するのかを紹介する。

> バスていに　ひとが　ならんで　います。
> りくさんの　まえに　4にん　います。
> りくさんの　うしろに　3にん　います。
> ぜんぶで　なんにん　ならんで　いますか。

　問題文を範読し、子どもたちに音読させる。そして、

> 指示：ノートに式を書きなさい。できたら、持っていらっしゃい。

と指示する。ほとんどの子たちは、

> しき　4＋3

と書いて持ってくる。「おしいね」などと言いながら、×をつける。「えー！」「なんでー！」などと、子どもたちの声があがる。持ってこさせるのをいったんやめ、席につかせる。そして、子どもたちが主体的に学べる発問をする。

> 発問：みなさんが書いた式は違います。どうすれば正しい答えを求められ
> 　　　るでしょうか。

　ここまでの学習で図を用いているので、鍛えているクラスであれば「図にかいて求める」と出てくる。出てこなければ、教師が示す。

指示：先生が途中まで図をかきます。ノートに写しなさい。

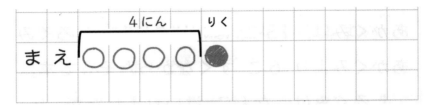

　上記の図をかかせる。しかし、ここまでの学習で図をかかせていても、教師が一気にかいてしまうと、処理ができず、写すことができなくなる子が出る。そこで、問題文の内容の確認をしながら、以下のようにかかせていく。

指示：「まえ」をかきます。（教師も板書する）かけた人？（挙手）いいね。

　まずは「まえ」だけかかせる。しかし、この時点でうまく写せない子もいる。教師は「お隣と確認」と指示を出しつつ、自分でも子どもたちのノートを見て確認する。

発問：「まえ」に何人いますか。

（4人です。）

指示：4人ですね。人が丸に変身しました。〇を4つかきます。

　ほとんどの子たちは「人が〇に変わったこと」が理解できるが、「何で？」と思ったり、「人と〇は関係がない」と思ったりする子もいる。「変身」は子どもが好きなフレーズでもあり、理解しやすくなる。

指示：4人なので、〇の上に、かっこをつけて、「4にん」とかきます。

　教師は板書しながら示していくが、この際に、指示の言葉と板書を同時に行っ

てはいけない。１年生は聴覚情報と視覚情報を同時に処理することは難しい。具体的には、このような順番で示していく。

「４人なので、」→（４つの〇を指さす）→「〇の上に」
→（〇の上を指さす）→「かっこをつけて」→（かっこをかく）
→「『４にん』とかきます」→（「４にん」とかく）

　文章にするとわかりにくいかもしれないが、優れた授業者は自然に行っていることである。サークルやセミナーなどでライブで体感してみてほしい。
　なお、「かっこ」が書けない子どももいる。言葉で説明してもなかなか理解させることは難しい。教師がノートと同じマス目黒板に書いて示す、子どものノートに赤鉛筆で薄く書き、子どもになぞらせるなどの対応が必要である。

指示：りくさんをかきます。黒丸をかきます。その上に、「りく」とかきなさい。

教師と子どもが対話しながらかいていく。前ページの図がかき終わる。

指示：この図の続きをかきます。かけたら、持っていらっしゃい。

　以下の図と同じ図がかけていればよい。足りない部分があっても、あえて教えず、「おしい」「付け足してごらん」などと声をかける。子どもは熱中する。

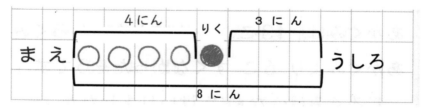

できた子は板書させる。できていない子の参考になり、時間調整にもなる。

指示：式をノートにかきなさい。

授業の最初と同じ指示だが、「4＋3」とかく子が激減する。多くの子たちは「しき　4＋1＋3」と答える。ここで押さえておきたい発問がある。

発問：「4」とは何ですか。「1」とは何ですか。「3」とは何ですか。

　1つずつ確認していく。低位の子たちは特に「1」が何のことかわからないことが多い。式の数字が何を表しているのか、という問題は、全国学力・学習状況調査でも出題されている。何年生でも追試できる発問である。

　次に、計算して、答えまで書かせる。「しき　4＋1＋3＝8　こたえ　8にん」となる。ただし、ここで別の式をかく子もいる。「しき　4＋3＋1」である。この2つの式の違いを話し合わせることで、対話的な学びになる。

　ただ、1問だけでは、子どもたちはまだまだ深い学びには到達できない。次のように、冒頭の文章問題の数値を変えた練習問題を出す。

バスていに　ひとが　ならんで　います。
うみさんの　まえに　5にん　います。
うみさんの　うしろに　3にん　います。
ぜんぶで　なんにん　ならんで　いますか。

　文章問題の設定がほぼ同じで、違うのは数値だけ、とすると、子どもたちは理解がしやすい。そしてこの問題でも、

指示：図にかいて求めます。図がかけたら、持っていらっしゃい。

と指示を出す。「図をかかなくてもできる」という子もいるかもしれないが、それでもきちんとかかせる。図がかけた子には、式と答えもかかせる。

図をかき、書き込むことで、式と答えを求めることができる。

という深い学びに導くことができる。

（桜沢孝夫）

2年 「かけ算　図や式を使って」

 教師が「一目見て分かる」ようにして、図をかかせる。

本時の中で身につけさせることは下記の2点である。

①順番を表す言葉を示し、それに続く形で考え方の説明をかく活動を取り入れる。
②自分の考え方を、図を示しながら説明させる活動を設定する。

　右の図を九九を活用して問題を解決することを通して、九九の理解を深める。

　教科書と同じような図を作成し、印刷して子どもに配付する。配付後プリントに、「どのようにすれば、答えを求めることができるか」自分の考えを図や式を使ってかかせる。

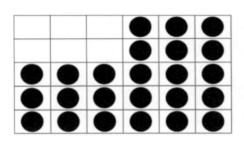

【問題】はこの中のチョコレートは、ぜんぶで何こありますか。
いろいろな求め方を考えます。
先生が一目見て分かるように図と式の2点セットで考えましょう。

　まずはじめに●を1つずつ数えさせ、全部で何個あるかを確認する。
教師「箱の中にチョコレートがあります。」
教師「全部で何個あるか数えてみましょう。」
子ども「24個です。」
初めに全体の数を確認することで、求める答えを全体に確認できる。
自分で数えることで、どうやって数えるのか考えるようになる。

教師「一目見て分かるように図と式の2点セットで持ってきます。」

「一目みて」の一言で子どもたちは図を使って、どのように式に表すかを考えるようになる。

子どもたちからは以下のような考えがでると予想される。

$3 × 3 = 9$
$5 × 3 = 15$
$15 + 9 = 24$

こたえ　24こ

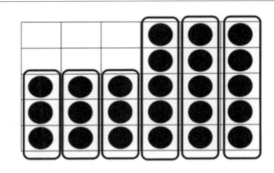

$3 × 2 = 6$
$6 × 3 = 18$
$18 + 6 = 24$

こたえ　24こ

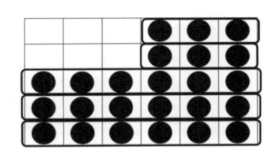

$5 × 6 = 30$
$3 × 2 = 6$
$30 - 6 = 24$

こたえ　24こ

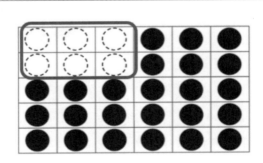

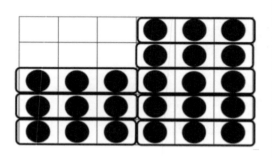

3 × 8 ＝ 24

こたえ　24こ

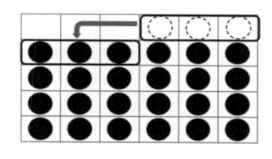

4 × 6 ＝ 24

こたえ　24こ

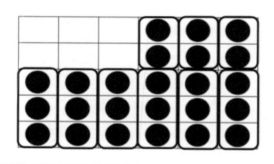

2 × 3 ＝ 6
3 × 6 ＝ 18
18 ＋ 6 ＝ 24

こたえ　24こ

　次に図と式を説明させる。説明をさせるためには、説明を表す言葉を示す必要がある。『まず・つぎに・だから』の３つの言葉をつかうと次のようになる。

　これを「説明のまつだくん」として説明のヒントとする。説明のつなぎ言葉の「まず」「つぎに」「だから」の頭文字をとって「説明のまつだくん」とすることで、児童が親しみを持って説明に取り組むことができる。

まず、3つずつまるで、かこみ
ます。
　3×3＝9
つぎに、5こずつまるで、かこみ
ます。
　5×3＝15
だから、9＋15で答えは24個
です。

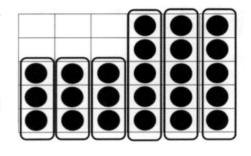

　図や式、説明のまつだくんを使って発展問題を考えさせる。下記のような児童の答えが予想される。

まず、上の●を3こずつまるで
かこみます。
　3×2＝6
つぎに、下の●を6こずつまるで
かこみます。
　6×2＝12
だから、6＋12で答えは18個
です。

　2年生で学習するかけ算は、これから子どもたちが算数・数学を学習していく中で、欠かすことのできない大切な基礎である。
「図と式を使って考える。」
　そして、「一目見てわかるように」のこの簡単な指示で、子どもたちは「挑戦したい！」「もっと考えたい！」と思うようになる。

（細田公康）

3年 「九九表とかけ算」

 自分の考えを図や式を使ってかき、教師が評定をして授業を！

1 主体的な学びとしての例題指導

3年生の1学期では、12 × 4など、2桁×1桁の答えの求め方を考える学習を行う。例題として、以下の問題文が出されている。

> どのようにすれば 12 × 4 の答えを求めることができますか。

（1）指導の流れ
①例題の求め方を各自で考える（主体的な学び）
　答えの求め方を自由に考え、考え方を図や式に表す。
②考えた方法を黒板にかき、検討する（対話的な学び）
　様々な求め方を理解し、答えを確認する。
③練習問題を1人で最適な方法で解く（深い学び）

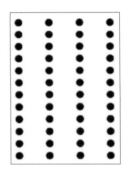

（2）例題の求め方を各自で考える
　丸が並んだプリントを配付し、作業指示を出す。

> 　どのようにすれば 12 × 4 の答えを求めることができるか、自分の考えを図や式を使ってかきます。プリントに図や式を使ってかきます。

このときに、以下のことを伝えたい。

> ①知りたいのは答えではなく考え方。
> ②分かりやすくかく。
> ③図へのかき込み、式、答えの3つを入れると良い。
> ④かいたら先生に。A、B、Cで評定する。

子どもたちは、紙に向かって考え、自分なりに図にかき込みを入れる。そして、式、答えをかいていく。これが主体的な学びである。

（3）子どもの考えはＡ評定に

　しばらくすると子どもはプリントを持ってくる。あまりにも簡単な場合は、Ｂと評定し再度挑戦させるが、それ以外はＡとプリントに書く。子供は喜んだり、さらに良いものにしようと意欲的になったりする。この姿も主体的な学びとしてとらえたい。

　Ａと評定された子に、拡大コピーした同じプリントを渡す。自分の考えをマジックでかかせ、黒板に貼らせる。

　同じ考えがあっていい。できるだけたくさんの子どもにかかせる。このとき、わからない子は、黒板に貼った紙を参考にして考えさせる。他の人の考えをそのまま写してもよい。考えつかない子もプリントに書く。これも主体的な学びである。

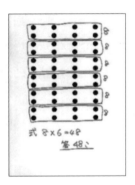
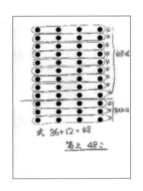
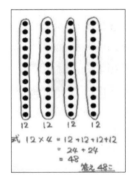

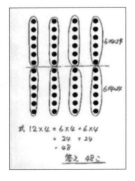
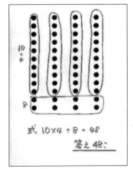
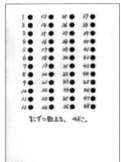

2 対話的な学び

（1）板書の検討

教師が進行役となって検討を進めていく。

> ①○○君、どんな考え方かみんなに発表してください。
> ②○○さんと同じ考え方は誰ですか？
> ③○○君の考え方は、ほかに考える人がいなかったね。
> ④誰の考え方が、一番わかりやすいですか？
> ⑤特によい考えを「ＡＡ」、少しよいのを「A°」とします。

（2）教科書を使った対話的な学び

教科書の問いを生かして、教師の発問、作業指示を通して進めていく。これがもう一つの対話的な学びとなる。

> ①吹き出しの中「12回を４回……と思います」とあり、この……の部分にどんな言葉が入りますか？
> ②□の部分にどんな数字が入りますか。
> ③考えを、式を使って発表してください。
> ④考えを隣の人に説明し合いましょう。
> ⑤この式を図にします。教科書の図にかき入れます。
> ⑥２つの考えは、どんなところが似ていますか。
> ⑦「まとめ」を読みましょう。

（3）学びの評価

もう一つの対話的な学びから児童の理解度を評価する。

　①数字をかかせたとき、かけたかどうか。

　②隣の人と説明ができたか

　③考えを式に表すことができたか

子ども一人一人の様子をみて、全員がわかる、できるようにしていく。

3 深い学び（適用問題を解く）

教科書には、適用問題が用意されている。

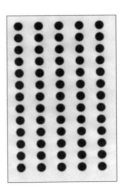

> 学習したことを使って、13 × 5 のこたえを
> もとめましょう。

縦 13 個、横 5 列の●が並んだプリントを配付し、
例題と同じように発問する。

> 自分の考えを教科書に書いて、式、答えも書いて先生に持ってきなさい。

例題同様、ＡＢＣ評価をし、拡大プリントにかかせ、黒板に貼り、検討して
授業を終える。例題のときに考えつかなかった子が考えられた、例題よりわか
りやすくかけた、となれば深い学びができたことになる。

深い学びに導く授業の条件

1　深い学びの前に主体的な学びの時間を設定する。
　①12 × 4 の答えの求め方を自分で考える。
　②教師に見せるとＡ評価がもらえる。
　③自分が考えるから、他の人の考えにも関心が持てる。

2　主体的な学びの後は、対話的学びの時間を設定する。
　①黒板に貼られた考えを見ながら、考え方を聞いたり、発表したりする。
　②教科書問題を解く過程で、意見を聞いたり、発表したりする。

3　主体的、対話的な学びを生かして深い学びにつなげる。
　①これまでの学習を生かして適用問題を行う。
　②適用問題が例題より見通しをもって１人でできれば深い学びとなる。

（細井俊久）

4年 「式と計算の順序」

 図に着目させ、その上で、書かせ、説明させることで、
理解を深めていく。

指導のポイントは以下の３つである。

> ポイント１　すぐ図に入る
> ポイント２　図から目を離さない
> ポイント３　説明はまず言葉で言わせる

> 　右の図で、●と○は、全部で何こありますか。
> １つの式に表して、答えを求めましょう。

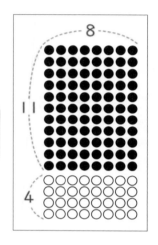

ポイント１　すぐ図に入る

　余計な説明はしない。以下のように指示・発
問をして、すぐ図に入る。

> 発問：たくさん丸が並んでいるね。全部で何こならんでいますか。数えて
> 　　　ごらんなさい。いくつですか。

（120 こです。）

ポイント２　図から目を離さない

　答えは出たが、図から目を離させない。すぐに求め方を発問する。

> 発問：一つ一つ数えてもできますが、計算で求めることもできます。どの
> 　　　ように計算しますか。

（●の数と○の数を分けて計算して、最後にたします。）
まずは分けて計算する求め方を考えさせる。

ポイント3　説明はまず言葉で言わせる

> 発問：この考えを説明します。まず何をしますか。(●の数を求めます。)

> 発問：●の数を求める式はどうなりますか。(式　11×8＝88です。)

> 発問：次に何をしますか。(○の数を求めます。)

テンポよく発問し、答えさせていく。さらに教師の言葉を削る。

> 発問：式は？

(式　4×8＝32です。)

これだけの言葉でも、テンポよく進めていけば、子どもたちはわかる。

そして、「次に何をしますか」(たします。)「何と何をたしますか」(88と32をたします。)「式は？」(式　88＋32＝120です。)といった形で進める。

教師は余計な説明をしない。指示と発問で組み立てることが大事である。

> 指示：この考えを説明します。「説明のま・つ・だくん (まず・つぎに・だから)」を使って、ノートに書きなさい。

しかし、低位の子は説明の「書き出し」で止まってしまう。「書き出し」を教師が示すとよい。

> まず、●の数を出します。式　11×8＝88です。

そして、「続きを書いてごらん」と指示する。今度は以下のように書ける。

> つぎに、○の数を出します。式　4×8＝32

だから、全部をたすと、式　88 ＋ 32 ＝ 120　答え 120 こです。

書けた子に発表させ、さらに全員で読ませる。その上で次の指示を出す。

指示：この3つの式を1つの式にまとめなさい。(式　11 × 8 ＋ 4 × 8 ＝
　　　120　です。)

教科書をしっかりと読める子を育てるために、有効な発問をする。

発問：これ、とっても簡単だね。どうして？（教科書に書いてあります。）

次に、本時のポイントとなる式に注目させる。

指示：先ほどの考えは、たくやさんの考えでした。指を置いてごらん。
　　　その隣に、まみさんの考えの式があります。式　(11 ＋ 4) × 8 ＝
　　　120。この式をノートに写しなさい。

ノートに写すことで、式に着目して、考えることができる。写すことも大切
な学習である。

発問：まみさんはどのように考えて、この式を書いたのでしょうか。説明
　　　できる人？

もし数人しか挙手がない場合は、

指示：近くの人と相談しなさい。

と指示する。一部の「できる子」と教師とのやりとりだけにしない。
　（たての 11 と 4 をたして、それから横の 8 をかけて計算した。）などと考え
を説明させる。

指示：まみさんの考えを説明します。「説明のま・つ・だくん」を使って、
　　　ノートに書きなさい。

同じように指示をする。今度は書ける子が増える。次のようになる。

まず、たての数をたします。式　11＋4＝15
つぎに、たてと横の数をかけます。式　15×8＝120
だから、答えは120こです。
1つの式に表すと、式　(11＋4)×8＝120です。

発問：この2つの式を見て、気がつくことがありますか。

（答えが同じです。）

指示：答えが等しくなるので、等号（＝）でつなぐことができます。
　　　ノートに1行で入るように、写しなさい。
　　　(11＋4)×8＝11×8＋4×8

ここから、計算のきまりに持っていく。

指示：「11」を■とします。「11」の下に、■を書きなさい。

そろえて書かせる。

指示：「4」を●、「8」を▲とします。書いてごらん。
　　　かっこや、＋、×、＝もそろえて書きます。

指示：書けた式を読みます。さんはい。

「（■ ＋ ●）×▲ ＝■×▲ ＋ ●×▲」となる。

指示：上の式の■に４、●に３、▲に２をあてはめて計算して、等号で
つながることを確かめなさい。

　確かめさせたあと、「（■ － ●）×▲ ＝■×▲ － ●×▲」の式も書かせ、同じよ
うに等号でつながることを確かめさせる。そして、このような計算のきまりが
あることを押さえる。次に練習問題に進む。
　しかし、いきなり練習問題を出しても、多くの子たちはこれまでの学習との
つながりがわからない。指示・発問で気付かせる。

発問：「109」を「100 ＋□」に分けます。□はいくつですか。

（9です。）これは低位の子でも答えられる。

指示：(100 ＋ 9)×5 ＝、＝まで写しなさい。

　教師が板書して、写させる。

指示：先ほどの「（■ ＋ ●）×▲ ＝■×▲ ＋ ●×▲」のきまりを使って、
　　　＝の続きを書きなさい。

「（100 ＋ 9）× 5 ＝ 100 × 5 ＋ 9 × 5」となる。答えも求めさせ、「545」にな
ることを確認する。ただ、これで次のひき算の式に進んではいけない。まだ
「深い学び」にはなっていない。先生問題を出す。

指示：「107 × 6」、計算のきまりを使って、答えを求めなさい。

「（100 ＋ 7）× 6 ＝ 100 × 6 ＋ 7 × 6 ＝ 642」となる。この上で、「工夫」を一
言で言わせる。

> 指示：ここでの工夫は何でしたか？（107を100と7にわけている）

その上で、次の「98 × 6」に進む。

> 指示：「98 × 6」計算のきまりを使って求めなさい。

ここは乗り越えさせる。ただし、どうしても難しい場合は、ヒントを出す。

> 指示：「98」を「100」を使って表すには、どうすればよいですか。

これで（100 − 2）を出すことができる。
「(100 − 2) × 6 = 100 × 6 − 2 × 6 = 588」となる。ここでも、「工夫」を一言で言わせる。

> 指示：ここでの工夫は何でしたか？（98を100 − 2としている）

しかし、まだ理解が不十分な子もいる。念のため、さらに先生問題を出す。

> 指示：先生問題です。「96 × 3」できたら、持っていらっしゃい。

「計算のきまりを使って解きます」と付け加える。計算のきまりを使っていない子は×をつけ、必ずきまりを使わせる。できた子は黒板に板書させる。

　計算のきまりを押さえ、工夫を一言で言わせ、その上で、先生問題を出して習熟させることで、子どもたちは「深い学び」に到達できる。

（春川あゆみ）

5年 「面積の求め方の工夫」

 向山氏の追試と、実態に応じた工夫をすることで、深い学びに導ける。

　台形の面積を求める授業が『向山の教師修業十年』（学芸みらい教育新書）に掲載されている。向山氏の以下の記述がある。

> 　公式を丸暗記だけさせる授業はプロの授業ではない。それは、時間もかかり、満足感も充実感もなく、「優等生」や「知っている者」だけに思い上がりを残してしまうのである。

　それまで「公式の暗記」ばかりを重視していた私はこの文章を読んで衝撃を受けた。そして、展開されている「プロの授業」にも衝撃を受けた。可能な限り追試する。

　教科書にある台形を示し、問題を出す。向山氏の言葉をそのまま追試する。

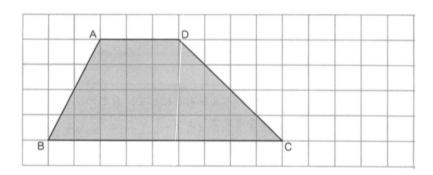

> 　君たちは今までに四角形の面積のもとめ方を習いました。そして、四角形の面積を使って、三角形の面積をもとめる方法を考え出しました。今日は、台形の面積のもとめ方を勉強します。今まで勉強した方法を応用して、次の台形の面積を何通りかの方法でもとめなさい。多い方がいいのです。

この「問題文」について、注目すべきポイントは

> 「もとめ方」のヒントになっている

ことである。最初にこの授業を追試しようとしたときに、私は後半の「指示」の部分ばかりに注目していた。しかし、それだけでは、子どもたちは向山学級のように色々な考えを出すことができなかった。前半の「四角形→三角形→台形」の語りがあることで、子どもたちは既習事項を思い出すと同時に、台形の面積のもとめ方の「見通し」を持つことができる。もとめ方のヒントになっているのである。子どもたちからは、以下のような考えが出てくる。

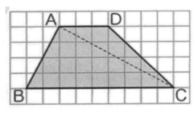

①式　$3 \times 4 \div 2 + 9 \times 4 \div 2 = 24$

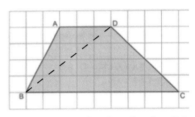

②式　$3 \times 4 \div 2 + 9 \times 4 \div 2 = 24$

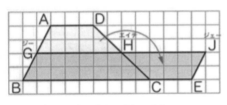

③式　$(9 + 3) \times (4 \div 2) = 24$

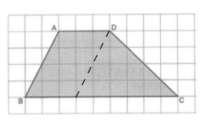

④式　$3 \times 4 + 6 \times 4 \div 2 = 24$

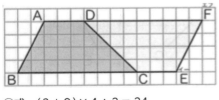

⑤式　$(3 + 9) \times 4 \div 2 = 24$

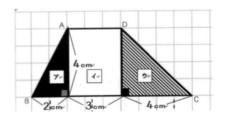

⑥式　$2 \times 4 \div 2 + 3 \times 4 + 4 \times 4 \div 2 = 24$

ただし、この２つのポイントを意識して指導しても、なかなか前ページのような考えが出せない子もいる。そのような低位の子でも考えが求められるように、ワークシートを作成した。ちなみに、⑥の考えは上記書では出ていない考えである。ワークシートでは、この⑥の考えを使って解けるようにしている。

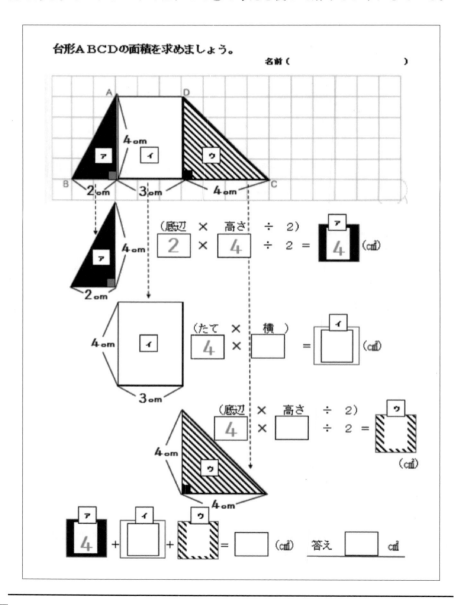

このシートはＢ４もしくはＡ３判で使用する。このシート作成及び使用のポイントは３つある。

ポイント１　視覚的にわかるように、それぞれの図形に模様をつけた

シートは台形を３つに分ける考え方である。三角形が２つ出てくる。低位の子たちはそのまま提示してもわかりにくいと考え、図形に「模様」をつけた。これで低位の子でも区別できるようになった。加えて、それぞれの計算の答えの欄、そして最後の合計を計算する式の欄にも模様をつけることで、視覚的にわかりやすくなるようにした。

ポイント２　縦にそろえた

台形を３つに分け、元の図形から分けた図形をそのまま下に降ろし、縦をそろえた。これで、３つに分けたどの図形なのか、ということが縦にそろえたことによって視覚的に理解できるようになった。

ポイント３　シンプルな計算だけに限定した

図形１つにつき、１つの計算にシンプルに限定したことで、やることが明確になった。さらに、公式を忘れてしまっていることも考慮し、式のそれぞれの□枠の上に、公式の言葉も配した。加えて、それでもわからないことに備え、

薄い字をなぞる

作業も取り入れた。低位の子は自信がないため、なかなか最初の作業ができないで止まってしまう。それを防ぐために、最初のアの式はすべてなぞる形にした。これで低位の子も取り組めるようになった。

　しかし、このシートをそのまま与えてやらせたところ、これでも私がかつて教えた低位の子は間違えてしまった。なぜか。

のである。ある低位の子は、イの式を「4×2」と書いてしまっていた。なぜか考えてみた。この子にとっては、このイの式の箇所が、以下のように見えてしまっていたと気付いた。

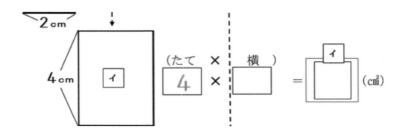

つまり、その前のアの図形の横の長さが目に入ってしまい、「4×2」と答えてしまったのである。そこで私は以下の方法をとった。

本当に必要な箇所だけが見えるように、シートを折りたたませ、余分な情報を隠した。以下のイメージである。

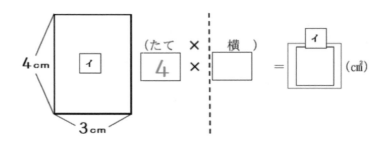

これなら低位の子たちでも立式と計算ができた。
　しかし、これだけだと答えは出せるが、「解き方の説明」まではできない子もいた。そこで、説明用のワークシートも作成した。

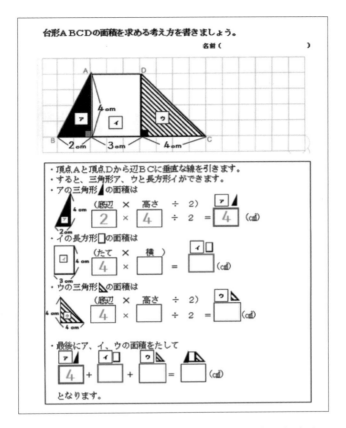

台形ＡＢＣＤの面積を求める考え方を書きましょう。

名前（　　　　　　　　　）

・頂点Ａと頂点Ｄから辺ＢＣに垂直な線を引きます。
・すると、三角形ア、ウと長方形イができます。
・アの三角形の面積は

　　（底辺　×　高さ　÷　2）
　　2　×　4　÷　2　＝　4　(cm²)

・イの長方形の面積は

　　（たて　×　横）
　　4　×　　　＝　　　(cm²)

・ウの三角形の面積は

　　（底辺　×　高さ　÷　2）
　　4　×　　　÷　2　＝　　　(cm²)

・最後にア、イ、ウの面積をたして

　　4　＋　　　＋　　　＝　　　(cm²)

となります。

このワークシート２枚を使うことで、低位の子たちもやり方をノートに書き、説明することができた。

そして向山氏のように、⑤のやり方を説明し、台形の面積の公式について教えた。そして練習問題をやらせた。向山学級は「全員正解」だったが、私のクラスではそこまではできなかった。しかし、それでも、低位の子も含め、ほとんどの子ができていた。向山氏は言う。

> 　子供たちは、自分で考え出した満足感と、そして、自分でもできるという自信と、原理まで踏み込んだ理解とを得るのである。

まさに「深い学び」を得られる授業である。

（桜沢孝夫）

6年 「場合を順序よく整理して」

 樹形図をかく（深い学び）に到達するまでの「作業」が重要である。

　本時は単元の導入場面である。樹形図をかけるようになれば、「深い学び」に到達したと言えるだろう。樹形図は確かにわかりやすい方法である。しかし、安易に、もしくは早急に樹形図をかかせようとすると、樹形図の意味がわからない子どもが出てくる。深い学びに到達する授業の流れを紹介する。

　教科書に次のような問題がある。

> 　あきらさん、いくおさん、うみさん、えりこさんの４人でリレーのチームを作り、１人１回ずつ走ります。
> 　走る順序には、どんなものがあるか調べましょう。

　まずは教師が範読する。しかし、問題のイメージが難しい子もいるだろう。イメージできるように、順序の例示を出させる。次の発問をする。

> 発問：例えば、どんな順序がありますか。

「あきらさん、いくおさん、うみさん、えりこさんの順です。」
「うみさん、あきらさん、えりこさん、いくおさんの順です。」
　子どもから複数の順序を出させることで、低位の子でも問題のイメージをつかむことができる。子どもから出なければ、教師が例示を出してもよい。

> 指示：まだまだありそうですね。では順序を３通りノートに書きなさい。

　子どもは２通りの反応をする。

（1）ばらばらに書き出す

> 「あきらさん、いくおさん、うみさん、えりこさん」
> 「うみさん、あきらさん、えりこさん、いくおさん」
> 「えりこさん、あきらさん、うみさん、いくおさん」……

（2）誰かを1番目に決めて書き出す

> 「あきらさん、いくおさん、うみさん、えりこさん」
> 「あきらさん、いくおさん、えりこさん、うみさん」
> 「あきらさん、うみさん、いくおさん、えりこさん」……

　子どもがどのように書いているかを、机間を回って確認しておく。そして、（1）（2）で書いている子を意図的に指名して、発表させる。

> 発問：どちらのやり方が、落ちや重なりがないように調べられそうですか。

　（1）のやり方では落ちや重なりが出るのではないかと心配する意見が子どもたちから出てくる。（2）のやり方を支持する子たちも出てくるだろう。また、「あきらさん＝ア」「いくおさん＝イ」「うみさん＝ウ」「えりこさん＝エ」と短く書いたり、記号で置き換えたりして書いている子がいたら、取り上げてほめる。子どもから出なければ、教師が示す。
「対話を通して子どもに判断させる」ことで、より「主体的・対話的な学び」になっていく。

> 指示：1番目にあきらさんが走る場合に、どんな順序があるでしょうか。
> 　　　すべて書き出します。3通り分書けたら、持っていらっしゃい。

　なぜ「3通り分」なのか。「全部書けたら持っていらっしゃい」では、教師が見なければならない数が多く、教室に列ができてしまい、騒がしくなる。また、全部書いて間違えた場合、やんちゃな子は「もうやりたくない！」と暴れ

てしまうこともある。「3通り分」の時点で見ることで、上記のことを防ぐ。

　また、3通り分書けた子に、例示として板書させる。低位の子は内容もそうだが、「書き方」で困ってしまい、鉛筆が動かないことも多い。以下のように書き方の例を板書に示し、「参考にしていいですよ」と「全体に」伝える。これで低位の子たちも「あ、そっか」となり、鉛筆が動きだす。

1	2	3	4
ア	イ	ウ	エ
ア	イ	エ	ウ
ア	ウ	イ	エ

　また早く6通り書けた子に答えを板書させる。早くできた子の時間調整をするとともに、低位の子たちが参考にできるように、視覚支援をさせる。板書した子たちが書けた時点で答えを確認する。その際に押さえるポイントがある。

> **発問：あきらさんが1番目の順序は、もう他にはありませんか。**

　順序を書き出して終わり、ではなく、落ちや重なりがないように「確かめる」ことも大事な学習である。6通りが正しく書けているかどうか、板書させた答えで確認し、その上で、ノートに書いた自分の答えも確かめさせる。

　次に、教科書を使って、樹形図の書き方を学ばせていく。教科書には、上記の例で示したように、「順序をすべて書き出させる」場合が掲載されている。ただし、後半は穴埋めになっていることが多い。「復習」として、この穴埋め部分を教科書に書き込ませる。最初はできなかった子たちも、「変化のある繰り返し」で今度はできるようになる。次に教科書にある樹形図を示す。ここでも右のように穴埋めがある。ポイントは、

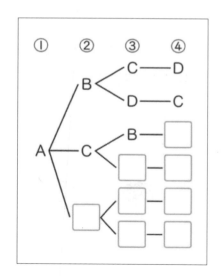

> あれこれ説明しないで、すぐに
> 「穴埋め」をさせること

である。教師はつい説明したくなる。しかし、「説明すればするほどわからなくなる」子も多くいる。「穴埋め」という作業をさせることで、作業を通して理解させる。子どもが穴埋めをしている間に、教師は樹形図を板書しておき、板書した樹形図をもとに、答え合わせをする。樹形図の名称と、名称の意味を教科書で説明し、次の指示をする。

> 指示：アが先頭の樹形図をノートに写しなさい。

「写す」という作業を通して、樹形図の理解をすすめていく。

> 発問：樹形図とすべて書き出すのとでは、どちらがやりやすいですか。

多くの子たちは樹形図と答えるが、「全部書き出す方がいい。全部の順序がわかるから」という子も一部いる。樹形図の一部を省略した書き方を、よいと思う子もいれば、「見えなくて不安」という子もいる。

> 指示：1番目がイ（いくおさん）の場合を書き出します。樹形図でも、そうでなくてもいいです。できたら持っていらっしゃい。

「全部書き出さないと不安」という子のために、イの段階までは「どちらでもよい」ということにしておく。これで不安な子も安心して取り組める。そして、アとイの2回書き出すことで理解が深まる。それでも不安な子には、

> 指示：今書いたイの場合を、今度は樹形図でかいてごらん。

教科書も全部書き出したものと、樹形図が並んで示されている。ノートでも同じように、全部書き出した上で、同じ場面の樹形図をかくことで、樹形図への理解が深まり、「樹形図をかく」という深い学びに到達できる。この樹形図がかけたら、残りのウとエが1番目の場合も、樹形図でかかせることで、深い学びがさらに深まるだろう。

（桜沢孝夫）

主体的学びの発問・指示→おはじきの表と裏のどちらが出やすいか実験してみましょう。

対話的学びの発問・指示→おはじきの表と裏。次はどちらがでると思いますか。

深い学びの発問・指示→もっと正確なデータを求めるにはどうすればよいですか。

　新学習指導要領では、算数科の領域が変わり「Dデータの活用」領域が新設された。データの活用領域での、ねらいが学習指導要領解説に3つ示されている。

1　目的に応じてデータを集めて分類整理し、適切なグラフに表したり、代表値などを求めたりするとともに、統計的な問題解決の方法について知ること

2　データのもつ特徴や傾向を把握し、問題に対して自分なりの結論を出したり、その結論の妥当性について批判的に考察したりすること

3　統計的な問題解決のよさに気付き、データやその分析結果を生活や学習に活用する態度を身につけること

である。

　今まで教科書に掲載されていた単元も「データの活用」という視点での指導がこれから必要になってくる。この領域を扱う上でのポイントを示していく。

算数の内容

A　数と計算
B　図形
C　測定・変化と関係
D　データの活用

ポイント1　データの種類を理解しよう

　統計において扱うデータには3つの種類がある。
「質的データ」と「量的データ」と「時系列データ」の3つである。

新教科書の目玉
「データ活用」授業づくりのキモ

「質的データ」とは、性別や血液型など文字情報を得られるデータのことである。2年生の教科書（平成27年版）で扱われている「育てた野菜と人数」の関係のようなものは質的データである。低学年で扱うデータは、質的データが主になる。

質的データ
性別、血液型など文字情報で得られるデータ。

> 低学年から扱います

量的データ
身長、ハンドボール投げの記録など、数値情報で得られるデータ。

> 中学年から扱います

時系列データ
各月の平均気温のように時間変化に沿って得られるデータ。
折れ線グラフの学習など

「量的データ」とは、身長やハンドボール投げの記録のように数値情報として得られるデータのことである。中学年になると「量的データ」が扱われてくる。

「時系列データ」とは、各月の平均気温などのように時間変化に沿って得られたデータである。4年生で学習する「折れ線グラフ」の単元で、月別の気温変化の時系列データが出てくる。時系列データの学習では、データの変化や傾向などの分析の指導を行わなければいけない。

このように算数授業で扱うデータの系統性を知っておくことが、教材研究の第一歩である。

ポイント2　基本用語を押さえておこう

データの活用領域では、「表」や「グラフ」を扱うことはすぐにわかる。今回、小学校で新たな用語が付け加わった。6年生の教科書にも次の内容が出てくる。

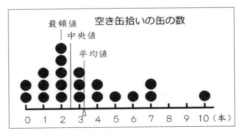

①ドットプロット

　数直線状の該当する箇所にデータをプロットしていき、同じ値のデータがある際には、積み上げて表したもの。（上図参照。学習指導要領解

説より引用）

②平均値

5年生で学習するいわゆる「平均」。合計÷個数で求められる。

③中央値

データを大きさの順に並べた時の中央の値。

④最頻値

データの中で最も多く現れている値。

⑤代表値

②〜④の「平均値」「中央値」「最頻値」などの値。

⑥階級

数量を分けるいくつかの区間。度数分布を表す時に使う。

　ここで指導のポイントとなるのは、「平均値」と「中央値」と「最頻値」の違いである。データ分析する時に、どの代表値を使うことが適切なのかを考えさせることが必要である。

　例えば、クラスの50m走のタイムのデータがあるとする。

　学年3クラスのデータを比較する時に「平均値」「中央値」「最頻値」のどの代表値で比較するかで意味合いが変わるのである。

ポイント3　統計データの分析を指導しよう

　学習指導要領解説算数編に次の記述がある。

　統計的な問題解決では、結果が定まっていない不確定な事象を扱うため、データの特徴や傾向を捉えても、結論を断定できない場合や立場や捉え方によって結論が異なってくる場合もある。そのため、自分たちが行なった問題設定や集めたデータ、表やグラフを用いての分析の仕方など、問題解決の過程や結論について批判的に考察したりすることが重要である。

　教科書の問題だけでなく、この領域では実際にデータを集め、表やグラフなどにまとめ分析するという活動を実際にさせたい。

　これは算数だけでなく、社会や理科と関連づけて指導することも可能である。

授業の一例を紹介する。

発問：おはじきを投げて「Ａ（表）」か「Ｂ（裏）」か当てます。10回投げて次の結果が出ました。11回目は「Ａ」「Ｂ」どちらがでると思いますか。

子どもに予想させ、理由を発表させる。「ずっとＡが出てるからそろそろＢがでる」「まだＡが出る」など直感的な予想が出る。

説明：どちらかが出やすいということがあるのか、実験して確かめましょう。

10回の実験では、実験結果にばらつきが出る。

発問：正確なデータを求めるにはどうすればよいでしょうか。

様々な子どもの意見を出していく。「実験データを増やす」という意見に着目する。

発問：1000回実験すると「Ａ」「Ｂ」どちらが出ると思いますか。

1000回やることは実際にできないのでエクセルの乱数を使ってシミュレーションするとほぼ50％になることを提示する。もちろんデータを増やすため、実験回数を増やしてみても良い。

統計の入門編としての1つの授業例である。

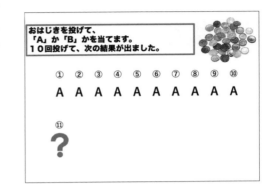

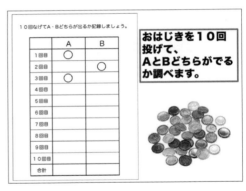

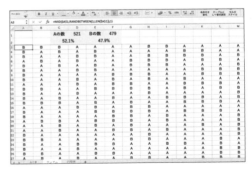

（戸村隆之）

1年 「かずしらべ　絵グラフ」

POINT! 身の回りの事象を用いて作業させ、主体的に活動させる。

主体的学びの活動→それぞれの数だけ色を塗りなさい。

対話的学びの指示→それぞれの数を伝え合いなさい。

深い学びの活動→分かったこと気付いたこと思ったことを伝え合います。

　かずしらべ。

「データの活用」の領域として１年生に身につけさせたいのは次の点である。

---

①ア　知識及び技能

　（ア）絵や図を用いた数量の表現

②イ　思考力，判断力，表現力等

　（ア）データの個数に着目し，身の回りの事象の特徴を捉えること

（小学校学習指導要領解説　算数編）

　教科書は、教科書会社によって用いられている事例が異なる。釣りゲーム、アサガオの咲いた花の数、野菜の数、果物の数など様々である。

「（ア）絵や図を用いた数量の表現」として問題に取り組んでいく。

　用いられる事例は違うが、ほとんどの教科書に挿絵がある。

　まずは、挿絵を扱う。

つりゲームをしました。

先生の言った物を見付けたら指を置きなさい。

「かに」（指を置く）

「さかな」（指を置く）

あと何と何がいますか。

お隣さんと言い合いなさい。（いか、たこ）

次に吹き出しを扱う。

> こうた君、「いかは すくなそうだね。」
> この意見に賛成の人？　反対の人？（挙手させる）
> しほさん、「なにが いちばん おおいのかな。」
> 何が一番多そうですか。予想を立てます。
> かに、さかな、いか、たこ。（挙手させる）

多少、意見が分かれる。
そこで問題を読む。
【かずを　わかりやすく　せいりしましょう。】
【①せいりの　しかたを　かんがえましょう。】
再び挿絵の吹き出しを扱う。

> りく君、「おおきさが ちがうと わかりにくいね」
> では、どうしたら分かりやすくなりますか。
> お隣さんと相談しなさい。

「大きさをそろえる。」「横に同じように並べる。」
などの意見が出されるだろう。
　そして、次の活動へ移る。
　ここでほとんどの教科書は色を塗る活動になっていて、次のような図がある。

図①

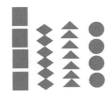

※教科書では、いかや魚のイラストが描かれて
　いるが、都合上図形を用いている。

□	◇	△	○
□	◇	△	○
□	◇	△	○
□	◇	△	○
□	◇	△	○
□	◇	△	○
□	◇	△	○
いか	さかな	かに	たこ

しかし、すぐに色を塗らせてしまうと軒並み間違える子が出る。
そのため、次のことがポイントである。

---

①数を確認する。
②いきなり全部の色を塗らせない。

---

　①は、例えば次のようにする。

（拡大コピーなので示しながら）
印を付けて数えます。
いかは、全部でいくつですか。
いかの絵の下に4と書きなさい。
お隣同士で確認しなさい。

　他の項目も同様に、／と数字を記入させ、確認させる。
　続いて、②いきなり全部の色を塗らせない。であるが、次のように指示する。

さかなだけ、色が塗れたら持っていらっしゃい。

「全部塗れたら」とすると、確認するのにも時間がかかり列を長く作ってしまい騒がしくなる原因となる。
　また、間違いがあると修正するのに時間がかかり、作業時間の差が大きくなる。子どものやる気も萎えてしまう。
　そのため、1か所だけチェックするようにする。
　実態によって、1か所ずつ持って来させ確認してもよいし、隣同士確認させてもよい。
　列を長く作らせず、確実に作業をさせることが大切である。
　そして、最後の設問はおおよそ次のようになっている。
【いろを ぬった ものを みて，わかったことを いいましょう。】
　ここから「（ア）データの個数に着目し，身の回りの事象の特徴を捉えること」の設問である。

絵から「１番多いものはどれか。」「１番少ないものはどれか。」「同じ数のものはどれか。」「○○の数はいくつか。」などを読み取らせていく。

さらに、「その他、絵を見て分かったこと、気付いたこと、思ったことをお隣同士で伝え合いなさい。」とすれば、様々な意見が出るだろう。

２年生での簡単な表やグラフを用いて考察することの素地となっていく。

また生活科と関連させ、調査活動をさせると学びが深まる。

学習指導要領にも次のように書かれている。

> 具体物を操作しながら数量に関わりをもつとともに算数に関心をもつ活動を行うことにより，ものの個数や人数などを比べたり数えたりすることなどの児童の日常生活や学校生活の場面と算数の学習をつなげていくことが大切である。　　　　　　　　　（小学校学習指導要領解説　算数編）

１年生の生活科でアサガオを育てることが多いだろう。例えば、１週間の曜日ごとにアサガオの花が咲いた数をメモさせておく。

そのメモをもとに、次のようなカードに色を塗りまとめさせる。

○	○	○	○	○
○	○	○	○	○
○	○	○	○	○
○	○	○	○	○
○	○	○	○	○
○	○	○	○	○
○	○	○	○	○
げつ	か	すい	もく	きん

「分かったこと、気付いたこと、思ったこと」をペアで伝えさせるようにする。アサガオを育てていない場合、学級活動として「好きな果物」を調査し、同様にまとめ、読み取りをさせることもできる。

（小島庸平）

2年「表とグラフ」

POINT! 教科書でたくさん作業させることで、表とグラフの違いが簡単にわかる！

主体的学びの発問・指示→ミニトマトだけやります。グラフに〇をつけていきなさい。

対話的学びの発問・指示→グラフと表の良さはどんなところですか。

深い学びの発問・指示→学習したグラフと表で問題を作ってごらんなさい。

1．導入は子どもにたくさん発言させて楽しく盛り上げる。

　黒板に教科書と同じイラストを拡大コピーして貼っておく。

　野菜のイラストに注目させて、次のように言う。

「野菜がたくさんあるね！　例えばどんな野菜がありますか。」

　（きゅうり、なすなど）子どもにたくさん言わせる。このとき、「きゅうりです。」や「なすです。」などのように丁寧語で言わせる。楽しい雰囲気で学習規律を子どもに指導する。

　その後で問う。

「どれが一番多いですか。予想でよいので手を挙げなさい。」

　それぞれの野菜で手を挙げさせていく。

　教科書に次の問題がある。「育てたい野菜と人数をわかりやすく表しましょう。」

　教師が音読する。

2. グラフを書く

　次のように問題が続く。「右のグラフに整理します。続きを書きましょう。」
グラフという言葉が初めて出てくるので強調して読む。
　まずは、ミニトマトだけ○をつけさせる。
「グラフをこのように隠しなさい。」ミニトマトだけに注視させる。

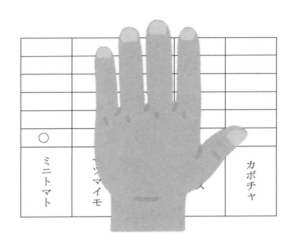

「ミニトマトだけやります。グラフに○をつけていきなさい。」
「いくつありますか。」
「7つですね。同じになった人。」
　全員が正解できているか確認する。
「同じようにサツマイモをやってごらんなさい。できたら先生に見せにいらっ
しゃい。」
　このときに、必ず教科書の野菜のイラストに印をつけている子がいる。
　それを取り上げほめる。
「太郎くんは、わかりやすいように印をつけているんだね！　すごいな。」
　正解した子は、「残りの野菜も同じようにやってごらん。」で進める。
　間違えた子には何も言わずに×をつける。
　さらに、印のつけ方を工夫している子がいたら取り上げてほめる。
「太郎さんはそれぞれの野菜で印のつけ方を変えたんだね。」

3．「グラフの良さは何が多いか一目でわかる」を子どもに言わせる。

「グラフについてわかったこと、気づいたこと、思ったことをお隣さんに言ってごらん。」

「見やすくなる。」や「わかりやすい。」などの発言を取り上げ、クラス全員で共有する。

「グラフの良いところ」と板書する。「何が多いか一目でわかる。」 これを子どもに言わせる。

　グラフの良いところは何ですか。

「何が多いか一目でわかる。」と言わせる。逆も問う。

「何が多いか一目でわかるのは、何の良いところですか。」

「グラフです。」

　繰り返し問うことで言葉を子どもに定着させる。

4．表に書く。

「グラフの人数を下の表に表しましょう。」という問題。

　〇の数を数えていけばよいことはわかるので、次のように指示する。

「それぞれ数字を書きなさい。」

　指名して聞いていく。

　教師は、黒板の拡大コピーに書き込む。

　ミニトマトが７。サツマイモが４。キュウリが３。ナスが６。カボチャが４。一つ一つ〇をつけさせる。

ミニトマト	サツマイモ	キュウリ	ナス	カボチャ
7	4	3	6	4

　教師は黒板で〇つけの手本を示す。

「全部合っていた人。」

　挙手させる。

「えらい。花丸を書いておきなさい。」

「今、数字を書いたものを表と言います。」

「表についてわかったこと、気づいたこと、思ったことをお隣さんに言いなさい。」

「ミニトマトが7つあることがすぐわかる。」などの発言が出れば良い。

5．問題づくりに挑戦！

「今やったグラフと表で問題を作ります。」

「例えば、先生だったら、同じ数の野菜があります。何と何ですか。」と出します。

「他にはどんな問題が考えられますか。ノートに書きなさい。」

　ノートに書いたものは黒板に書かせたり、立って発言させたりするとよい。

　書けなくて困っている子のヒントになる。

　楽しい場面なので、ノートを持ってきた子全員をほめたい。

6．板書イメージ

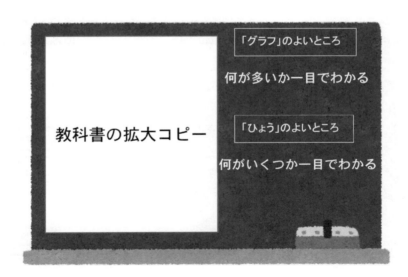

（並木友寛）

3年「表とグラフ 棒グラフ」

 確認とチェックシステムで取りこぼしナシ、誰でもできる棒グラフ

> 主体的学びの発問・指示→正しく数えるにはどのような工夫ができますか？
> 対話的学びの発問・指示→一番大きい値のものはどれですか？
> 深い学びの発問・指示→棒グラフを書いてみましょう。どんな題材がいいですか？

　表とグラフ。子どもの第一のつまずきは、今何をやっているか分からなくなるからである。そこで、まずはチェックシステムを子どもに身につけさせる必要がある。以下の流れである。

●表の整理の仕方●

> 1、名前の確認　2、数えたものにチェック　3、数えるときは正の字を書く

　まず、教科書の挿絵を見せる。上記のものに当てはまるように、子どもの意見を聞きながら、効率のよいデータの処理へつなげる。「正しく数えるためにはどのように工夫しますか？」

「数えたものにチェック」「一個ずつ正の字を書く」

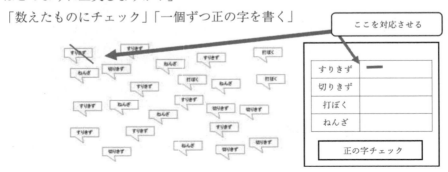

「すりきず」→「すりきずチェック」→「すりきず正の字」

●棒グラフの読ませ方●

棒グラフは、何が大きくて何が少ないかが分かりやすいグラフである。そこを押さえるために、3つのステップを行うと話し合いも自然と生まれる。

> 1、1目盛りはいくつですか？　2、一番大きい値はいくつですか？
> 3、値を書きます

（人）すきな遊びと人数

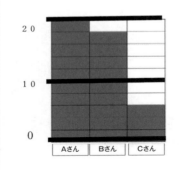

「1目盛りはいくつですか？」

10目盛りあって、10マスあるので、1目盛り1人とわかる。

「一番大きい値のものはどれですか？**お隣さんと相談してごらんなさい。**」ドッジボールなのでグラフに10と書きこむ。

「一番小さい値のものはどれですか？お隣さんと相談してごらんなさい。」という形で進み、「**残りは同じようにやってごらんなさい。**」と、自力で読むことができるようにする。

1目盛りが1でない場合の棒グラフ

「1目盛りはいくつですか？」

2とわかる。

※「なぜ2とわかりますか？」と問うて、5目盛りで10になっているなどの説明をさせてもよい。

以下上記の通り進めていき、「一番大きい値はいくつですか？」と問う。

●棒グラフの書き方●

①表題（題名）	「表題はなんですか？　写しなさい。」
②縦軸	「縦軸はなんですか？　書きなさい。」
③横軸	「横軸はなんですか？　書きなさい。」
④棒の線	「棒の線を書きなさい。」

このように、一時一事で取り組ませていく。

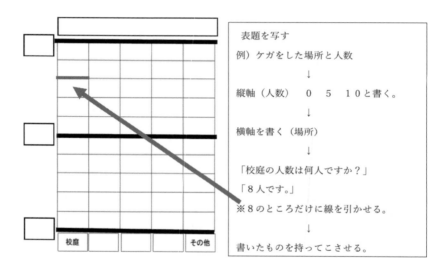

表題を写す

例）ケガをした場所と人数

↓

縦軸（人数）　0　5　10と書く。

↓

横軸を書く（場所）

↓

「校庭の人数は何人ですか？」

「8人です。」

※8のところだけに線を引かせる。

↓

書いたものを持ってこさせる。

　書かせる上で一番難しいことは、棒グラフを書く作業である。そこで、必ず書いたものの1つ目の線だけで持ってこさせるとよい。

※教科書に書かせた後、ノートに書かせることで定着する。たくさん棒グラフを書かせる経験が必要である。ポイントは、教師が必ず確認することだ。

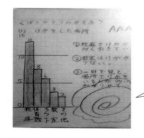

ポイント

①はじめの目盛りの線だけ書かせる。

②書き終わった後に気付いたことを書かせる。

※児童のノートを執筆者が書き直したものです。

●二次元表●

　３つの一次元表を１つにまとめ、二次元表にする活動のポイントは正確に写すことである。ここでも確認とチェックが重要となる。

1、○月のすりきずチェック　2、すりきず写す

11月

しゅるい	人数
すりきず	9
切りきず	7
打ぼく	2
その他	0
合計	18

12月

しゅるい	人数
すりきず	10
切りきず	6
打ぼく	4
その他	1
合計	21

1月

しゅるい	人数
すりきず	12
切りきず	8
打ぼく	3
その他	1
合計	24

月＼しゅるい	11月	12月	1月	合計
すりきず	9			
切りきず				
打ぼく				
その他				
合計				

　そして、すりきずだけ書けたら持っていらっしゃいといったように、教師側のチェックシステムも重要になる。

●深い学びにするために●

　棒グラフと、２次元表を学んだあとは、自分たちの生活に関わる棒グラフや二次元表を実際に題材から選択させ、書かせてみる方法がある。
「グラフを書いてみましょう。どんな題材がいいですか？」

例）　好きな教科→「どのグラフで書くとよいですか？」→棒グラフ
例）　11月～3月までに借りられた本ベスト3→二次元表

　と、このように子ども自身が題材を選択し、実際に生活の中で調べてみたいことを書かせる。
　棒グラフ、二次元表のそれぞれの良さを知ったうえで書くことができれば、データ活用の力を伸ばすことができるだろう。

（村上　諒）

4年 「折れ線グラフ」

POINT! グラフを正確に読み取り、データを比較し、正しく判断させる！

主体的学びの発問・指示→グラフからデータを読み取りなさい。
対話的学びの発問・指示→グラフから導く結論はこれでよいですか。
深い学びの発問・指示→グラフをどのように作り替えるとよいですか。

グラフの「基本的な読み取り方」を子どもに教える必要がある。

グラフを読み取る場合、第一に重要な要件は次の3つだ。

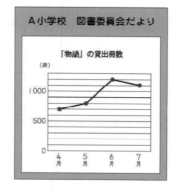

A小学校　図書委員会だより

「物語」の貸出冊数

---

1. タイトル
2. 出典
3. 年度

タイトルは「『物語』の貸出冊数」である。声に出して読ませる。

出典、年度は書かれていない。問題のために作られた資料だからかもしれないし、図書委員会が独自で数えたという設定だからかもしれない。いずれにしても出典、年度は「書かれていない」ということを扱う。

こういったグラフを読み取るときの要件を、社会科でも、算数でも、どの教科においても、グラフ資料が出てくるたびに扱っていることが重要である。

次に、2つのことを確認する。

---

1. 縦軸
2. 横軸

縦軸は貸出冊数、横軸は月を表している。

項目を指で押さえながら、一つ一つ読んでいく。単位も確認する。

> 0に指を置きます。縦軸を読みます。
> 0、500、1000。単位は何ですか。

「声に出して読む」ということと、「指で押さえながら確認する」ということをきちんとさせる。こうした具体的な行為が大切である。

折れ線グラフは、「変わっていくもののようす」を表すときに使われる。

このグラフの場合は、月ごとの冊数の変化が表されている。

そのことが読み取れたら、次は「5つの傾向」である。

小学校に出てくるグラフの局面は、次の5つしかない。

1．上がる
2．下がる
3．変化しない
4．突然上がる
5．突然下がる

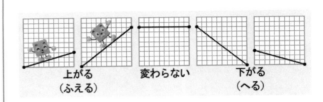

教科書には上がる（ふえる）・変わらない・下がる（へる）の3つが掲載されているが、これに突然上がる・突然下がるも付け加える。

グラフが変化する局面というのは、必ずこの5つのうちのどれか、あるいはその組み合わせである。

折れ線グラフでは、線の傾きに注目すると、変わり方が詳しくわかる。そして、線の傾きが急であるほど、変わり方が大きいことを表している。

ここまでがグラフの読み取りの基本中の基本だ。

2つ目のグラフを提示する。B小学校のグラフも、同様に「基本的な読み取り方」で読み取らせる。

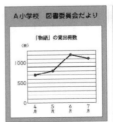
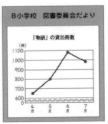

そして、２つのグラフを比較させ、折れ線グラフの線だけを見て分かること
を交流し合う。

> 　　２つのグラフの傾きを見て、分かったこと、気づいたこと、ほんのちょっ
> とでも思ったことを、ノートにできるだけ箇条書きにしなさい。

　傾きだけを見れば、Ｂ小学校の方が増え方が急であるように思える。
　しかし、実際はどうだろうか。
　次のように問う。

> この２つのグラフから導く結論は本当にこれでよいですか。

「Ｂ小学校のほうが増え方が急である」という判断は本当に正しいのか。
　それは、どこを見るとよいのだろうか。
　このような問題意識から、２つのグラフをより詳しく比べて読み、正しい判
断へとつなげる。
　この２つのグラフから、データを正確に読み取らせる場合、以下の点に気を
つけなければならない。

> 　１．目盛りの間隔が違う。
> 　２．Ｂ小学校のグラフには、省略を示す線が使われている。
> 　３．６月はＡ小学校の方が貸出冊数が多い。
> 　４．貸出冊数はＡ小学校が 400 冊、Ｂ小学校が 300 冊増えている。

　これらのことに子どもが気づくことができたら、次のように問う。

> これらのグラフをどのように作り替えるとよいか。

　縦軸の目盛りを同じにすればよいことや、１つのグラフとしてまとめればよ
いことなどを挙げさせる。
　新しい教科書には、次のような記述がある。

> 2つの折れ線グラフを重ねると、変わり方の違いが分かりやすい。

　2つの折れ線グラフを重ねるわけだから、より正確な作業が求められる。
折れ線グラフのかき方は次だ。

> 1．横のじくに「月」をとり、同じ間をあけて書く。単位も書く。
> 2．たてのじくに「冊数」をとり、いちばん多い冊数が表せるように目
> 　　盛りのつけ方を考え、目盛りが表す数を書く。単位も書く。
> 3．それぞれの月の冊数を表すところに点を打ち、点を直線で結ぶ。
> 4．表題を書く。（先に書いてもよい）

　作業はスモールステップでさせ、細やかな確認が必要である。
・表題、「月」、「冊数」の目盛りが正しくつけられたかどうか。
・A小学校のそれぞれの月の冊数を表すところに点を打てているかどうか。
・点を直線で結んでいるかどうか。（ミニ定規を使う）
・B小学校の方も同様にできているか。
　その都度、教師のところへ持ってこさせ、確認し、ほめてあげることが大切
である。
　作り替えたグラフを見て、学習を振り返る。
　小学校学習指導要領解説　算数編には次のような記述がある。

> 　折れ線グラフの傾きは，縦軸の目
> 盛りの幅によっては急になってし
> まい，大きく変化しているという印
> 象を与えやすくなることや，統計的
> な主張を聞く際には，このような見
> かけに惑わされないことが大切で
> ある

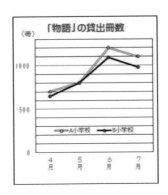

　データを正確に読み取り、正しく判断させたい。

（篠崎栄太）

5年 「割合のグラフ 円グラフ 帯グラフ」

 POINT! 「データ活用」を３つの段階に分けて、授業する。

主体的学びの発問・指示→何についてのグラフを作りますか。
対話的学びの発問・指示→グラフについて分かったこと、気づいたこと、思ったことをノートに箇条書きにしなさい。（隣・班の人と、情報交換をしなさい。）
深い学びの発問・指示→このグラフから何が言えますか。（言えませんか。）

割合のグラフを、日常の場面に活用すること。新教科書の目玉「データ活用」の授業の肝の一つである。日常の場面に活用できるようにするために、５年生・割合のグラフの単元を、次の３つの段階に分けて、授業する。

１、グラフの書き方を身につける。
２、グラフを実際に書いてみる。
３、グラフを考察する。

１、グラフの書き方を身につける

教科書に次の問題がある。「下の表は、「好きな教科」について、みかさんの小学校でアンケートを行った結果です。帯グラフや円グラフに表しましょう。」

まずは、教師が音読する。

次に、下にある表を確認していく。

「タイトルは何ですか」（好きな表　です）

「年度はいつですか」（書かれていません）

「出典はどこですか」（書かれていません　みかさんのクラス調べ？）

"タイトル""年度""出典"は、資料を読み取る前に、必ず確認したい。

書いていない場合は、抜けている情報を補うか「×」を書き込ませる。

情報処理の基礎である。

この後、百分率を求め、グラフの書き方を教える（身につけさせる）場面に入る。（百分率の計算は複雑なので、"電卓"を使わせるとよい。）

ポイントは、

教師が「1つ目のデータ」をチェックすること

である。

教科書では、「1つ目のデータ」に算数（31%）がある。

棒グラフを書かせる際、次の2つの作業をさせる。

---

① 31%のところに線を引く。

②グラフの中に、教科名を書き込む。

書けたら、教師のところに持ってこさせる。

グラフの問題は、1つ目を間違えると、その先すべてが間違いになる。

1つ目でチェックすることで、子どものエラーを事前に防ぐことができる。（円グラフも同様に指導する。）

1つの帯グラフ（円グラフ）が完成したら、2回目は「同じ手順でやってごらんなさい」と言って、自分の力で解かせる。

この流れで、グラフの書き方を身につけさせる。

2、グラフを実際に書いてみる

学んだ「グラフの書き方」を実際に活用させる。

ここが新教科書の目玉「データ活用」のポイントである。

「データ活用」は、5つのステップから成る。（学習指導要領参照）

---

①問題（発見）→②計画→③データ（収集）→④分析→⑤結論

具体的に書くと、次のような学習活動である。

①身の回りの事象について、興味・関心や問題意識に基づき、統計的に解決可能な問題を設定すること

②見通しを立て、どのようなデータを、どのように集めるかについて計画を立てること

③データを集めて分類整理すること

④目的に応じて、観点を決めてグラフや表に表し、データの特徴や傾向をつかむこと

⑤問題に対する結論をまとめるとともに、さらなる問題を見いだすこと

　まず、実際にグラフを書く際は、「日常生活からテーマ・問題を発見させる」ことが大切だ。

「グラフの書き方」を身につけた後、次のように問いかける。

何についてのグラフを作りますか？

　ノートに箇条書きをさせ、できるだけたくさんのアイディアを出させる。

　１つにしぼる際は、共通の体験や経験のあるテーマが望ましい。

　例えば、「このクラスは風邪をひいている人が多い」→「自分たちの学校で風邪をひいている人が多いのは何年生なのか」といったテーマである。

　実際の生活で起きている問題を取り上げることで、グラフを作ることに“目的意識”を持たせるのがよい。

　例えば、「風邪をひいている人が多いのは何年生か」を知ることの“目的意識”は、“風邪予防の大切さを伝えるデータを示すため”などが考えられる。

　この“目的”によって、グラフの数や種類、「縦軸」「横軸」といった、グラフを書く際の条件も変化してくる。

　このように、“目的意識”をはっきりとさせた上で、「①問題（発見）→②計画→③データ（収集）」と進むことが「データ活用」の学習の流れである。

3、グラフを考察する

「グラフを考察する」際には、「④分析→⑤結論」という手順を踏む。

　算数に限らず、表やグラフを考察する際に、オススメの発問指示がある。

> グラフについて分かったこと、気づいたこと、思ったことをノートに箇条書きにしなさい。（隣・班の人と、情報交換をしなさい。）

「風邪をひいている人が多いのは何年生か」のテーマを例にすると、
「１年生は６月ごろに欠席する児童が多い。」
「３年生は冬休み明けの１月に欠席する子どもが多い。」
といったデータの特徴や傾向を読み取らせていく。

　ノートにできるだけたくさん書かせた後、隣の人、班のメンバーと情報交換をすることで、多くの読み取りを共有することができる。

　このように「④分析」をした後、「⑤結論」を出す。
「結論」を出させる際は、次のように問いかける。

> このグラフから何が言えますか。（言えませんか。）

　→「〜（というデータ）から、……（という結論）が言える。」
　こうした文例を示して、データを当てはめさせ、その結論が妥当かどうかを検討する。
　例えば、「３年生は冬休み明けの１月に欠席する子どもが多い。」というデータを当てはめて、次のような結論を出す。

> 「３年生は冬休み明けの１月に欠席する子どもが多いというデータから、
> ３年生はインフルエンザによって欠席する児童が多い」

　この結論が言えるかどうかは、収集したデータによる。その時期にインフルエンザが流行っていれば、そう言えるかもしれない。だが、インフルエンザ以外の風邪の原因があれば、そうは言えない。ここで「インフルエンザの流行具合」という新たなデータを収集する必要性が生まれる。
　こうしてデータを活用することによって、身近な問題を追求していくことが、新教科書の目玉「データ活用」の肝である。

（水本和希）

6年 「資料の調べ方　ドットプロット、代表値、度数分布表、ヒストグラム」

 POINT! 批判的な思考を育てる。

主体的学びの発問・指示→どちらの方が重いですか。A、B、分からない。
対話的学びの発問・指示→どの比べ方だと比較が難しいですか。
深い学びの発問・指示→○○とAさんは言っていますが、正しいですか。

　教科書にこのような問題がある。「重い卵が産まれたと言えるのは、東小屋と西小屋のどちらですか。」

　はじめに、このように発問をする。

　どちらの方が重い卵が産まれましたか。手を挙げます。東小屋、西小屋、
（この時点で悩んでいる子が多い）分からない。（多くの児童が手を挙げる。）

「分かりにくいですよね。でも勉強して分かるようになっていきます。」
「どのような比べ方がありますか。」

　一番重い重さ。合計の重さ。一番軽い重さ。平均。が教科書に書かれている。

どの比べ方だと比較が難しいですか。1つ選び、理由を書きなさい。

　比較できる理由を考えるよりも、比較できない理由を考えた方が、ハードルが低い。また、批判的な思考を育てる上でも有効な発問となる。

　（一番重い重さは比較できません。たまたま大きかった可能性があるからです。）
　（合計の重さでは比較できません。個数が違うからです。）

　この4つの中で比較できるのが、「平均」である。

　教科書には書いてないが代表値という言葉をここで押さえるとよい。

「平均を出すことで、比較できるものもあります。平均のように比べられる値

のことを代表値と言います。」

【ドットプロットから中央値をみる】

　ドットプロットとは、学習指導要領解説では、『数直線上の該当する箇所にデータを配置し，同じ値のデータがある際には積み上げて表したものである。』と定義されている。

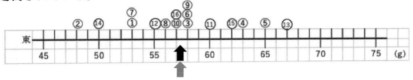

　表からドットプロットにすることで、広がりを見る事ができるようになる。

　教科書にはドットプロットを提示し、散らばりが見える状態にしている。教科書通りに進める。

「平均の場所に赤鉛筆で矢印を書きなさい。」

「卵の重さは、いつも平均近くに集まりますか。」

　（集まりません。）

　他の比べ方もあります。最大と最小に指を置いて、真ん中に向かって同時に数えて行きます。指がぶつかった場所で「会った」と言います。

（1、2、3、……。会った。）

　ちょうど真ん中と言えますね。その場所を中央値と言います。青鉛筆で印を書きなさい。

「今回は中央値がほぼ、平均と同じです。これでは、比べにくいので表にして整理をしていきます。」

【度数分布表にして整理する】

　度数分布とは、「統計において標本として得たある変量の値のリスト」である。

　度数分布表とは簡単に言うと、集めたデータを表やグラフに表したもののことである。ドットプロットも度数分布の1つである。

初めに、範囲の確認をする。

「重さを5gずつに区切りました。50gはどの範囲に入りますか。」

（50g以上55g未満です。）

「49.9gはどの範囲に入りますか。」

（45g以上50未満です。）

「その通り。表を埋めたら前に持ってきます。」

早くできた児童に黒板の表を埋めさせる。

東小屋の卵の重さ	
重さ (g)	個数（個）
45以上～50未満	1
50　～55	3
55　～60	7　←
60　～65	3
65　～70	2
70　～75	0

【最頻値】

最頻値とは学習指導要領では「データの中で最も多く現れている値」の事であると定義している。

最頻値はドットプロットや度数分布表にすると、すぐに見て取れる。

「東小屋の中で一番数が多いのはどれですか。」

（55以上〜60未満です。）

「一番多い場所を中央値と呼びます。」

「東小屋と西小屋を比べて、大きな差はありますか。」

（最頻値の場所が東小屋と西小屋で違います。）

「最頻値とは代表値の一種です。」

「さらに詳しく見て行きます。表をグラフで見てみます。」

【ヒストグラム（柱状グラフ）】

教科書には「柱状グラフまたは,ヒストグラムと言います。」と書かれている。ヒストグラム（柱状グラフ）とは、度数分布表を直感的にわかりやすくグラフにしたものである。

一見すると、棒グラフのように見えるが、棒グラフは各項目の量（卵の数であるならば、「東小屋」「西小屋」の卵の量）を表しているのに対し、柱状グラフは量の分布（「東小屋」の卵の重さの分布）を表している。

平均で数値が高くても、柱状グラフにしてみると一部のみ高いため、平均を押し上げている状態になっている場合があることに気づく。

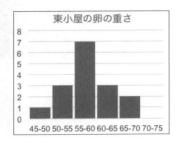
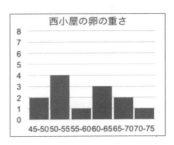

> この２つのヒストグラムを見て、「平均値」と「最頻値」という言葉を使い特徴を説明しなさい。

　（平均値はほとんど変わらないが、最頻値では、特に東小屋が55以上60未満に集中していることが分かる。）

「55未満の卵の割合は、どちらが多いですか。」

　（西小屋が46%で、東小屋の25%よりも高い。）

「どちらの方が重い卵を産んでいると言えますか。」（東小屋の方。）

　資料の見方や度数分布表やグラフを読み解くことで、一見分かりにくい資料を分析することができるようになる。

【批判的に考察した結果を表現し伝え合う活動】

　代表値（平均値，中央値，最頻値）だけで、資料を読み解くことができないことを学んだら、批判的に考察する活動を入れたい。

> 　１組と２組で読書の量を調べたところ、１組の貸し出し冊数の平均のほうが高かった。そのため、１組のほうが読書をしている人が多いと言える。この意見は正しいか。

　ヒストグラムを提示して考えさせる活動を行う。平均が高いからといって、読書の量が多いとは限らない。また、そもそも貸し出しても読書をしているとは限らない。本の厚みによっても変化する等データの集積に関しても検討する視点を持たせるようにして行きたい。

（小林正快）

「割合」が始まる前から、数直線図の準備をしておく！
～割合は難しい！単元「前」から準備しよう！～

割合は難しい。

難しいならば、単元「前」から布石をうっておく。

> まずは、フラッシュカード。

正進社からフラッシュカードが出ている。

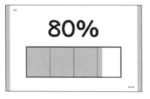  

大事なことは、単元「前」からしておくことだ。

1学期からしてもよい。

このフラッシュカードならば、イメージすることができる。

80％が、100％より少しすくないくらいだな。

1割引きは、10割から1割引いたことだな。

こうして、イメージできることが大事だ。

％、割は、なかなか子供たちにイメージできない。

単元に入ったならば、教室の後ろに置いておく。

並べておくのだ。

児童がいつでも見られる状態にしておく。

> 2つ目に、児童の身近な生活に結び付けることである。

『小学校学習指導要領解説』の算数編に次の文がある。

> 歩合も，百分率と同様，日常生活の中で用いられている割合の便利な表現
> であることに気付くことができるよう配慮する。　　　　　P.269

ずうっと超難関「割合」指導成功！ 授業の法則

　キーワードは日常生活だ。

　例えば、子どもたちに言う。

「今日、家で、％だとか、何割だとか数字を、たくさんノートに書いていらっしゃい。それが何かも書くのですよ」

「例えば、イチロー選手の打率が４割だとか。人口が10％減だとか」

　次の日。子どもたちは、たくさん書いてくる。

　中にはもちろん忘れてくる子もいる。

　叱らなくていい。友達が書いたものを写させてあげればいい。

　黒板にずらりと書かせる。

　黒板には、割、％がずらりと並ぶ。

　教師が何も言わなくても、日常生活に％や割があふれていることに気づく。

> ### 3つ目。イメージしやすいものに置き換える。

　例えば、野球で教える。

「10回打席にはいって、2回ヒットを打ちました。」

「これを2割と言います。」

「5回打席に入って、1回ヒットを打ちました。 1÷5」

「つまり、これも5割と言います。」

　野球の打率。

　バスケットボールのシュート。

　全体の中で、部分がどれくらいなのかが割合だとイメージできる。

　基準量と、比較量をイメージできる。

　基にする量がどちらなのか、比べる量はどちらなのかは、河田孝文氏が考えた数直線＋面積図が有効だ。くわしくは、次ページからご覧いただきたい。

（林　健広）

3年 「何倍でしょう」

👍 文章題の加工と図を書くことで立式が簡単にできる！
POINT!

> 主体的学びの発問・指示→式は何ですか、テープ図で考えます。
> 対話的学びの発問・指示→お隣同士で言い合いっこしなさい。
> 深い学びの発問・指示→もとにする量は、何ですか。

　何倍でしょう。教科書に次の問題がある。「赤のテープの長さは15cm です。緑のテープの長さは、赤のテープの長さの3倍です。緑のテープの長さは何cm ですか」
まずは、教師が音読する。

　立式するのが難関である。そのまま読んだだけでは、立式するのは難しい。そこで、文章題に書き込みを入れる。順番が大事になってくる。

「【何倍】を□で囲みます。」 「【の】を〇で囲む。」 「【の】の前の部分の下に線を引きなさい。」 「お隣同士で確認。」	赤のテープの長さは15 cmです。 緑のテープの長さは、 赤のテープの長さ⃝3倍です。 緑のテープの長さは何 cmですか。

作業は、一気に進めずに確認をしながら行うようにする。

赤のテープの長さは１５ｃｍです。

緑のテープの長さは、
$\frac{□}{3}$

赤のテープの長さ$\frac{15}{1}$の ③倍 です。

緑のテープの長さは何ｃｍですか。

「線の下に１と書きなさい。」
「線の上に長さを書きます。」
「何ｃｍですか？」
**「お隣同士で言い合いっこし
なさい。」**

「【緑のテープの長さ】に線を引きなさい。」
「下に倍を入れます。何倍ですか。」
「長さが分からないので、□と上に書きなさい。」

ここまでしたら、次はテープ図に移る。テープ図を使って、３倍は、３つ分であることを理解させる。

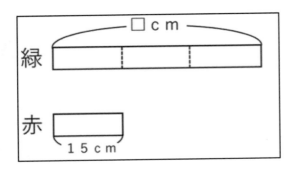

「赤のテープは、何ｃｍ
ですか。」
「そうだね。15cm。」
「緑のテープは、赤の
テープが何個分ですか。」
「確認するよ。一緒に数
えます。さんはい。」
「３倍は、３つ分だね。」

ここまで来ると、立式は簡単にできる。
「式と答えを書きなさい。」
「式　15 × 3 = 45　答え　45cm です。」
　そして、まとめを読ませる。
「15cm をもとにすると、３倍の長さは 45cm です。このときの 15cm を、もと
にする大きさといいます。」

赤のテープの長さは１５cmです。

緑のテープの長さは、
赤のテープの長さ<u>の</u>の⓷倍です。
（15cm上に、1下に）

緑のテープの長さは何cmですか。

文章を読ませただけでは、もとにする大きさは理解しづらい。
「もとにする大きさには、１がついているものです。何ですか。」と発問する。１の上がもとにするものと確認できるのである。

次は、何倍かを求める問題である。問題文「12cmの青のテープと２cmの赤のテープがあります。青のテープの長さは、赤のテープの長さの何倍ですか。」

文章題の加工は、既習事項になっている。「次は、何をしますか。」をメインにして、問題を解いていく。

１２cmの青のテープと

２cmの赤のテープがあります。

青のテープの長さは、
赤のテープの長さ⓪の何倍ですか。

「まず、何をしますか。」
（【何倍】に□を書く。）
「次、何をしますか。」
（【の】に○を書く。）
「次、何をしますか。」
（【赤のテープの長さ】に線を引く。）
「次、何をしますか。」
（【赤のテープの長さ】の下に１と書く。）

「次、何をしますか。」（【赤のテープの長さ】の上に２と書く。）
「次、何をしますか。」（【青のテープの長さ】に線を引く。）
「次、何をしますか。」（倍が分かりません。）
「分からないので、下に□と書きなさい。」
「次、何をしますか。」（【青のテープの長さ】の上に12と書く。）

次にテープ図である。テープ図を見ると、答えが確定できる。答えを確定してから立式に入ると、発達障害の子どもたちに見通しを立たせることができる。

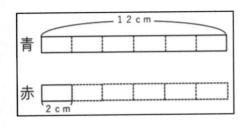

「□を使った式を書きなさい。」（2
×□ = 12）

「□を求めるときには、わり算にし
ます。□ = 12 ÷ 2 と書きなさい。」
「式と答えを言いましょう。」（式
12 ÷ 2 = 6　答え 6 倍です。）

　最後に、「もとにする量は、何ですか。」と発問する。 1 の意味を忘れないよ
うにすることが大切である。

　次は、もとにする大きさを求める問題である。問題文「黄色のテープの長さ
は 12cm です。これは、赤のテープの長さの 4 倍です。赤のテープの長さは何
cm ですか。」

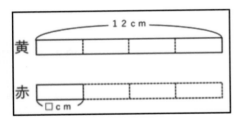

　　　　　　　　　　　　　　　　　　文章題の加工は、何度もしてい
　　　　　　　　　　　　　　　　　るのですぐにできる。
　　　　　　　　　　　　　　　　　「文章に書き込みなさい。」

　　　　　　　　　　　　　　　　　　これだけでいいのである。しつ
　　　　　　　　　　　　　　　　　こくすると、授業のリズムとテン
　　　　　　　　　　　　　　　　　ポが落ち、本題までたどり着かな
　　　　　　　　　　　　　　　　　くなってしまう。

　　　　　　　　　　　　　　　　　　次にテープ図である。テープ図
　　　　　　　　　　　　　　　　　を見ると、答えが確定できる。答
　　　　　　　　　　　　　　　　　えを確定するのも既習事項なので、
　　　　　　　　　　　　　　　　　テープ図を使ってできるようにな
　　　　　　　　　　　　　　　　　るのである。

　ここからは、□を使った式を立てさせる。

「□を使った式を書きなさい。」（□× 4 = 12）

「□を求める式を書きなさい。」（式　12 ÷ 4 = 3　答え 3 cm です。）

「何倍でしょう」の問題は、2 年生から 6 年生まで出てくる。読ませて、立式
だけでは難しい。まずは、文章題を加工するところから始める。文章題の加工
によって、難関な単元もすぐにできるようになり、積み上げ可能なスキルとな
るのである。

（下窪理政）

4年 「小数」

POINT! 考え方は整数と同じ。矢印を書くことで小数点のミスを防ぐ！

主体的学びの発問・指示→「小数点をないものとして計算します。」
対話的学びの発問・指示→「では、どこが違うのですか。」
深い学びの発問・指示→式、筆算、答え（検算）の３点（４点）セット

　小数のかけ算。教科書に次のような問題がある。「１ｍの重さが2.3kg の鉄のぼうがあります。この鉄のぼう６ｍの重さは何kg ですか。」
まずは、立式させる。式は「2.3 × 6」である。では、どのように計算したらよいのか。教科書には次の２つの考え方が載っている。

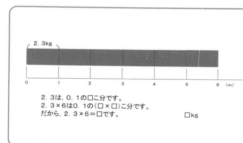

2. 3は、0. 1の□こ分です。
2. 3×6は0. 1の（□×□）こ分です。
だから、2. 3×6=□です。　　　　　　□kg

① 2.3 は 0.1 の 23 個分
② 2.3 は 0.1 の（23 × 6）個分
③ 23 × 6 = 138
④ 2.3 × 6 は 0.1 の 138 個分
⑤だから 2.3 × 6 = 13.8
⑥ 答え　13.8kg

$$2.\,3 \times 6 = \square$$
×10 ↓　　　　　×10 ↓　　↑ ÷10
$$2\ \ 3 \times 6 = \square$$

2. 3を□倍して23×6の計算をすると、138です。
その138を□でわると、答えが求められます。
だから、2. 3×6=□です。　　　　　　□kg

① 2.3 の 10 倍は 23
② 23 × 6 = 138
③かけられる数を 10 倍すると
　答えも 10 倍になる
④だから，138 を 10 でわると
　答えを求められる
⑤ 138 ÷ 10 = 13.8
⑥答え　13.8kg

ここで、基本的な考え方はどちらも「整数」のかけ算がもとになっていると理解することが、後の筆算に生きてくる。特に、2つ目の考え方は筆算の形でも出てくるのできちんと押さえたい。

　続いて教科書は、「2.3 × 6 を筆算でしましょう。」という問題が出てくる。基本的な授業の流れは次のようになる。

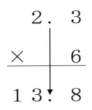

【授業の流れ】
① 2.3 × 6 を筆算で書く
② 23 × 6 として計算する
③小数点から答えに矢印を落とす
④答えに小数点を打つ

ポイントは「整数として計算する」ことと「矢印」を書くことである。
矢印を書くことで、答えに小数点を打ち忘れるミスを防ぐことができる。

「2.3 × 6 を筆算でノートに書きます。」
「小数点をないものとして計算します。23 × 6 の計算をします。」
「小数点から答えに矢印ズドン。小数点を打ちます。」

　かける数の整数が2けたのときもやり方は同じである。矢印をまっすぐ下に落とすことで、小数点の打ち間違いを防ぐことにもつながるのである。
　教科書では、筆算の形でもう一度「整数のかけ算」と「小数のかけ算」の関係が示されている。

$$2.3 \xrightarrow{\times 10} 23$$
$$\underline{\times \ 6} \quad {\scriptstyle \times 10} \quad \underline{\times \ 6}$$
$$13.8 \xleftarrow{} 138$$
$$\div 10$$

2.3 × 6 は，2.3 を 10 倍して整数の計算をすると積も 10 倍になるので，その積を 10 でわると答えが求められます。

　全国学力学習状況調査では、このように文章で示された計算方法を解釈し、別の場合の計算方法で同じように記述させる問題が出題されている。
　教科書にも、練習問題として次のような問題が出題されている。

$$0.37 \xrightarrow{\times 100} 37$$
$$\underline{\times \quad 4} \quad {\scriptstyle \times 100} \quad \underline{\times \quad 4}$$
$$1.48 \xleftarrow{} 148$$
$$\div 100$$

0.37 を□倍して 37 × 4 の計算をすると，148 です。その 148 を□でわると，答えが求められます。だから，0.37 × 4 =□です。

波線部分の表現は、数字を入れ変えただけでほぼ同じである。いくつか練習問題を通して、文章で説明できる力を身につけさせていく。

小数のわり算も、教科書の流れは小数のかけ算と同じである。筆算の計算の仕方も小数のかけ算のときと同じように、「整数として計算する」ことと「矢印」を書くことがポイントである。

教科書に，「7.2 ÷ 3 の筆算の仕方を考えましょう。」という問題がある。

基本的な授業の流れは次のようになる。

$$
\begin{array}{r}
2.4 \\
3\ \overline{)7.2} \\
6 \\
\hline
1\ 2 \\
1\ 2 \\
\hline
0
\end{array}
$$

【授業の流れ】
① 7.2 ÷ 6 を筆算で書く
② 72 ÷ 6 として計算する
③小数点から答えに矢印を上げる
④答えに小数点を打つ

小数のわり算のときには、矢印が上にいく。ここでも、矢印をまっすぐ上に向けて書くことが大切である。

「7.2 ÷ 3 を筆算でノートに書きます。」
「小数点をないものとして計算します。72 ÷ 3 を計算します。」
「小数点から答えに矢印ズドン。小数点を打ちます。」

小数のわり算の筆算のつまずきは、あまりが出る計算のときに多く見られる。教科書の次のような問題である。「13.6mのテープがあります。このテープから3mのテープは何本とれて、何mあまりますか。」

問題に「あまりは」とあるので、子どもたちはあまりのあるわり算の計算であることはすぐに気づく。そこで、これまでと同じ流れで筆算の計算をする。

$$
\begin{array}{r}
4.5 \\
3\ \overline{)13.6} \\
12 \\
\hline
1\ 6 \\
1\ 5 \\
\hline
1
\end{array}
$$

「答えは、4.5 本取れて 1mあまる、でいいですね。」
　すると、子どもたちから『先生、違います！』と返ってきた。
「では、どこが違うのですか。」
「お隣同士相談してごらん。」
　子どもたちからは、『「4.5 本取れた」はおかしい。』

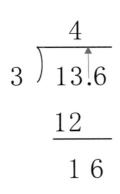

『商はきれいに4になる。』という意見が出された。

そこで、さらに次のように計算する。

「答えは4本取れて、16mあまる、でいいですね。」

ここでも、子どもたちは『違う！』と反応する。

再び、どこが違うのか相談させた。

『もともと13.6mしかなかったのに、あまりがそれより長くなっている。』

『あまりはわる数より小さくなるはず』という意見が出てきた。

ここで、あまりに小数点を打つことが意識できるようになる。

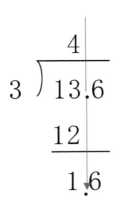

また、商が一の位までの時は、小数点から上にまっすぐ線を引かせる。この線を引かせることで、どこまで計算すればよいか視覚的に理解することができる。

> 「13.6÷3を筆算でノートに書きます。」
> 「商は一の位まで。小数点から上にまっすぐ線を引きます。」
> 「小数点からあまりに矢印ズドン。小数点を打ちます。」

なお、向山洋一氏は文章問題の指導のポイントとして「3点セット」の重要性を述べている。3点セットとは、式・筆算・答えである。さらに、教科書ではたしかめの式（検算）も扱っている。検算も加えた4点セットの指導を心掛けることで、計算ミスや小数点の打ち忘れを防ぐことができる。

また、答え方は問題文に正対するように書く習慣を身につけさせる。

今回の問題文は「何本取れて何mあまりますか。」という問題なので、答え方は「4本取れて、1.6mあまる。」とする。

このように、正しい答え方ができるのも大事なスキルである。

(二宮圭佑)

5年 「割合」

 図と文章から簡単割合。

教科書の線分図を使えば使うほど、子どもたちは頭を抱える。
教科書の文章は以下の通りだ。

> 「上の表でソフトボールクラブとサッカークラブでは、それぞれ希望者は
> 定員の何倍になっていますか。」

意味を理解するのはとても難しい。作業として覚えさせていく。
子どもたちにノートを開かせる。以下のようにして、書き方を教えていく。

> 「横に4㎝、線を引きなさい。」
> 「縦に4㎝、線を引きなさい。」
> 「クロス図と言います。」

> 「左上、定員20。」
> 「右上、希望者40。」
> 「20の下、1。」
> 「40の下、□。」
> 「20と40の単位は何ですか?」（人です。）
> 「1と□の単位は何ですか?」（倍です。）

	20	40 (人)
	1	□ (倍)

> 「お隣が書けていますか。チェックをしなさい。」

ここでつまずいてしまってはいけない。必ずお隣さんとノートチェックをする。

ここまでで、図が完成した。

ここから河田孝文氏は、面積図とつなげていく。

面積図とつなげることで、立式が簡単になる。

かけるのか、割るのか、簡単にわかる。以下のようにする。

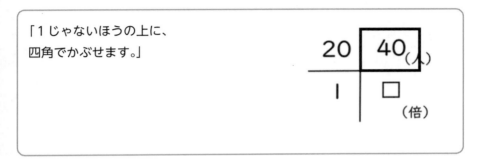

この「1じゃないほうの上」という言葉が大事である。どんな場合でも、「1じゃないほうの上」に四角をかぶせる。

「長方形の面積を求める式を言いましょう。」
「たて×横ですね。」
「式を書いてごらんなさい。」

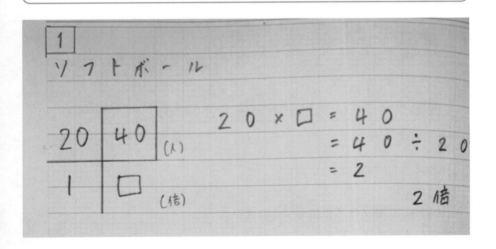

同じようにサッカークラブでも、図を使って立式、答えと進んでいく。

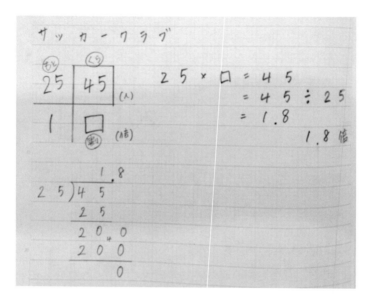

みさきんさんの学校の5年生125人のうち、運動クラブに入った人は75人、文化クラブに入った人は50人でした。
運動クラブの人数は、5年生全体の人数の何倍ですか。

文章問題でも、同じように解くことができる。

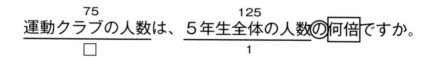

「【何倍】を□で囲みなさい。」
「【の】に○。」
「【の】の前の部分は下に線を引きなさい。」
「全体の人数は何人ですか。」（125人）
「全体を1とします。」

「運動クラブの人数は何人ですか。」（75人）
「その下、四角。」

このようにして、文章の中に書き込ませていく。
ここまでできたら、そのままそっくり図に書き写していく。

「まず何をしますか。」（クロス図）
「次に何をしますか。」（定員の数を書きます。）
「次は何をしますか。」（希望者を書きます。）
「次は何をしますか。」（全体を1にします。）
「次は何をしますか。」
（1じゃないほうに四角。）
「式を立てて計算しなさい。」

	75	125 (人)
	1	□ (倍)

　教師が何度も説明しながら教えていくのではなく、「作業」として教えていくことで、子どもたちは飽き飽きすることはない。自分たちで「解いていきたい」と進んで問題に向きあっていくことができる。
　ポイントは、言わせて全員ができるようになる「作業」だ。

（中別府　優）

5年「割合のグラフ」

 POINT! 割合のグラフで教えることは2つ！

> 主体的学びの発問・指示→式は何ですか、数直線で考えます。
> 対話的学びの発問・指示→ 20％増しは足し算ですか、ひき算ですか。
> 深い学びの発問・指示→「その他」は何位ですか。

　割合のグラフ。教科書に次の問題がある。「下の図は日本でとれるレタスの量の割合を都道府県別に調べてグラフにしたものです。長野県でとれるレタスの割合は全体の32％です。群馬県、兵庫県、長崎県でとれるレタスの割合はそれぞれ全体の何％にあたりますか。」

　まずは、教師が音読する。

「％」を読むことはどの子もできる。

　帯グラフに書いてある数字を読めばよいからである。

　長野県32％。茨城県15％。群馬県10％。兵庫県8％。長崎県5％。その他26％。

　ここで1つだけ確認しないといけない。

> 「ランキングを聞きます。1位は？」（長野県。）「2位は？」（その他。）

「その他は2位ではありません。その理由が言える人？」

（その他の中には、いろんな県が入っているからです。）

「その通り！　いろんな県が入っているから、『その他』は、寄せ集めです。」

「その他は、寄せ集め！」と言いなさい。

　ほんの少しのことではあるが、テストで誤答が多い部分だ。

　前半は、帯・円グラフの読み取り。

　後半は、かき方の演習となる。

　まずは、実数を百分率に変換する作業だ。

　教科書には、いきなり式が出ているが、これまで通り数直線をかいて立式させる。ノートのように立式させていく。

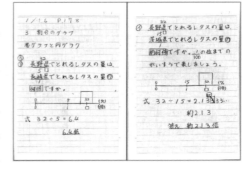

　なお、ここの主な学習は、百分率への変換とグラフをかくことである。よって、計算は電卓でさせる。（本原稿のノートは、すべて河田孝文氏の学級のノートである）

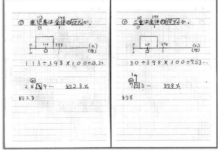

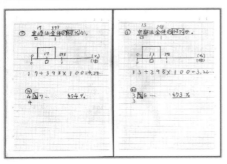

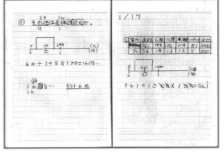

なお、割合で難しいのが2つある。

1つ目は、「○%引き」「△%増量」である。

大人にとっては、簡単な問題だが（日常生活でよくある場面）、子供にとっては「？？？」となる。

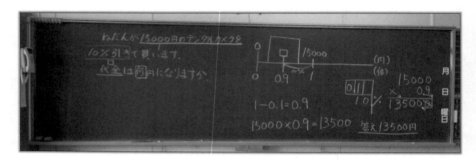

例えば、10%引きは、次のように教える。

（前もって、正進社の割合フラッシュカードを使い、%引き、%増しに慣れさせておく）

「10%引き、です。」

「10%は小数にするといくつですか。」

（0.1です。）

「そうですね。引きですから1から0.1を引きます。」

同じように20%増もする。

「20%は、小数にするといくつですか。」

（0.2です。）

「そうですね。増ですから足しますか、引きますか。」

（足します。）

「足してごらんなさい。」

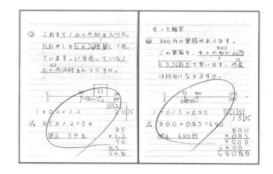

２つ目は、％の計算を２つする問題である（下の黒板の問題）。

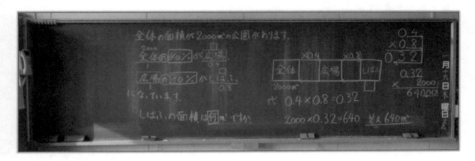

　この場合は、関係図を２つ書かせて計算させていく。

「まず何をしますか？」→「○％に□。」

「次に何をしますか？」→「『の』に○。」

「次に何をしますか？」→「『の』の左に線。」

といつも通りの流れである。

　違うのは，「○％」が２つ登場するということだ。どうするか。

　両者に同じ細工をする。

「２回出てくる言葉は何ですか？」（『広場』です。）

「『広場』を赤鉛筆で囲みなさい。」

　こうして、関係図を書かせる。

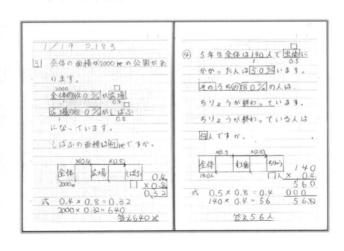

（林　健広）

6年 「分数×分数」

POINT!　数直線図＋面積図で立式が簡単にできる！

> 主体的学びの発問・指示→式は何ですか、数直線で考えます。
> 対話的学びの発問・指示→ 2 mは 1 mの右に書きますか、左に書きますか。
> 深い学びの発問・指示→「もとにする量」か「くらべる量」か、割るか掛けるか。

　分数×分数。教科書に次の問題がある。「 1 mのねだんが 80 円のリボンがあります。このリボンを 2 mや 3 m買ったときの代金はそれぞれ何円ですか。」

　まずは、教師が音読する。

　簡単に立式できる。80 × 2、80 × 3の立式はすぐにできる。

　しかし、である。

　この立式が簡単なときに、数直線図の書かせ方を教える。

「割合」の学習が始まってから、数直線図の書かせ方を教えては遅い。

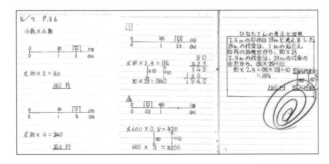

問題文を読ませたあと。

「式は、何ですか？」（80 × 3 です。）

「そのとおり！」

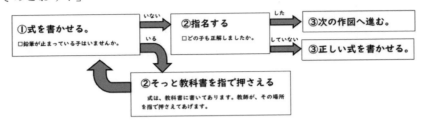

「では、どうして 80 × 3 になるのか、数直線で考えます。」

　子どもたちにノートを開かせる。以下のようにして、数直線の書き方を教えていく。

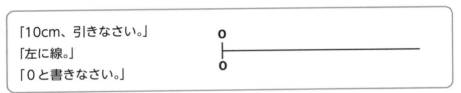

「10cm、引きなさい。」
「左に線。」
「0 と書きなさい。」

「真ん中5cm、線。」
「1 と書きなさい。」
「1 の単位は？」
「m と書きなさい。」
「上の単位は？」
「円と書きなさい。」
「1 m、何円ですか？」
「80 と書きなさい。」

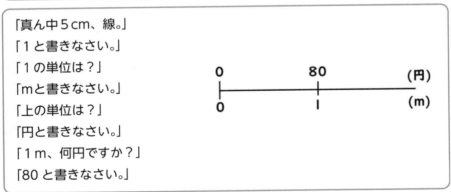

「2 m は、1 m の右に書きますか。左に書きますか。」
「お隣と相談してごらんなさい。」

子どもたちに、意見を自由に言わせる。

大事なところでは、時間をとる。

（2mは、1mの右に書きます。2mのほうが長いからです。）

少し、ゆさぶりをかける。

「では、2は右ですね」と言い、上の数直線に書く。

（先生、それは違います！）

「どうして？」

（上は単位が円だからです。1mの横、下の数直線に書きます。）

「2と書きなさい。」
「2mの上は何円ですか？」
「まだわからないから□と書きます。」

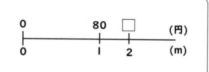

ここまでで、数直線図が完成した。

ここから河田孝文氏は、面積図とつなげていく。

面積図とつなげることで、立式が簡単になる。

掛けるのか、割るのか、簡単にわかる。以下のようにする。

「1じゃないほうの上に、四角
でかぶせます。」

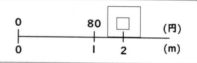

この「1じゃないほうの上」という言葉が大事である。どんな場合でも、「1じゃないほうの上」に四角をかぶせる。すると、たて8、横2の長方形ができる。

「長方形の面積を求める式を言いましょう。」
「たて×横ですね。」
「式を書いてごらんなさい。」

80×3も同じように、数直線図を使って、立式、答えと進む。

5年生1学期で、このように数直線図→立式で慣れておく。

すると、3学期の「割合」では、スムーズに数直線図→立式ができるようになる。

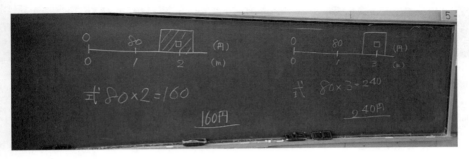

分数÷分数。同じような問題がある。

「2mのひもと3mのひものねだんは、どちらも96円です。

2mのひも1mのねだんと、3mのひも1mのねだんは、それぞれ何円ですか。」

これも、数直線図→立式を進める。

3学期に学習する「割合」にむけて、数直線図に1学期から慣れさせておくため、である。

かけ算のときと違うのは、たての長さが□ということである。

かけ算のときは面積が□であった。今回は、たての長さが□。

面積は96。横は2。

> 「面積は96。たての長さは、□。
> 横の長さは2。」
> 「たての長さを求めるためには、
> 何算ですか？」
> 「わり算ですね。」
> 「式を立てなさい。」

子どもたちには「内÷外」とも教える。たて、もしくは横がわからないときは、内（面積）÷外（たての長さ、もしくは横の長さ）をすればよいと、教える。

1学期から数直線図＋面積図に慣れておくと、どちらが「もとにする量」なのか「くらべる量」なのか、割るのか掛けるのか、すぐにできるようになる。

ポイントは、1学期から「割合」の準備をしておく。

（林　健広）

1　上手な授業はリズムとテンポがよい

　リズムとは拍子である。強弱・メリハリが必要だ。ずっと同じ流れでは単調だ。変化が欲しい。ゆったり感と小刻みな感じを組み合わせる。

　テンポはスピードである。上手い授業のスピードは速い。逆にモタモタした授業は教師がしゃべりすぎる。待ちすぎる。子どもがだれる。

　教科書で「商」という用語の定義が出たら子どもにテンポよく問う。

「商とは何ですか？」（わり算の答えです。）

　逆も問う。「わり算の答えは？」（商。）

「念のため」と次々に指名する。

「たし算の答えは？」（和。）

「ひき算の答えは？」（差。）

「かけ算の答えは？」（積。）

「差とは何ですか？」（ひき算の答え。）

「和とは何ですか？」（たし算の答え。）

「積とは何ですか？」（かけ算の答え。）

2　リズムよく、テンポよくする５つのポイント

（1）言葉を削る
（2）子どもを待たない
（3）小刻みな作業指示
（4）テンポを作る指名
（5）変化のあるくり返し

（1）教師の無駄な言葉を削る。

　自分の授業を録音し、文字起こししてみる。無駄な言葉がいかに多いか実感する。

（2）作業させた時、最後の１人が終わるまで待つことは親切なようでいて逆効果だ。７〜８割の子ができた時点で先に進んだ方が授業全体のテンポが保たれる。

　遅れている子は追いついてくる。

　特別に配慮の要る子には、赤鉛筆で薄く書いてやってなぞらせる個別指導をする。

すべての子どもの学力を保証！授業の基本

（3）小刻みな作業指示を出す。

「表があります。指さして。」

「赤鉛筆でグルンと囲みなさい」

「今度は黒鉛筆で囲みなさい。」

（4）指名でテンポを作る。

間を空けずに次々と指名することでテンポを上げる。

「A君」「その通り！ Bさん」「そうだ。C君」「正解！ 全部できた人？ ようし。」

（5）変化のあるくり返しで、作業や解き方を子どもが言えるようにする。

「次に何をしますか？」「次に先生、何と言うと思いますか？」

この2つの問いに子どもたちが答えられるようなら、授業は安定した軌道に乗っている。教師は「知ってるの？ すごいなあ！」とほめる。

3　これがリズムとテンポのよい授業だ

新しい教科書5年「小数の倍」（東京書籍）をリズムよくテンポよく授業した。「青のリボンの長さは、赤のリボンの長さの何倍ですか。」基本の流れである。

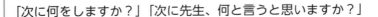

○囲み→数を書く→読む→立式→3点セット→説明

この流れで例題、類題、応用問題を繰り返す。まず問題文を読ませる。

（青のリボンの長さは、赤のリボンの長さの）「ストップ。」

「赤のリボンの長さ」をもとにしているのですね。もとにする長さはとっても大切なので、「赤のリボンの長さ」という言葉を、赤鉛筆でグルリと囲みなさい。

赤のリボンの長さ

「赤のリボンの長さは何mですか。」（4mです。）

「どうしてわかったの？　表に書いてありますね。指さしてごらん。」

> とっても大切なので、○で囲んだ言葉の上に「4m」と書いておこう。

　もう一度読みましょう。（青のリボンの長さは）「ストップ。青のリボンの長さは何mですか。（10mです。）

> 先生、何て言うと思いますか？

（○で囲む。）その通り！　今度は黒鉛筆で囲みなさい。

> 次に何をしますか？

青のリボンの長さ

（すぐ上に10mと書く。）すごいなあ。その通り。「10m」と書きましょう。

```
        10m                4m
  青のリボンの長さ は、 赤のリボンの長さ の何倍ですか。
```

「この問題を数字に置き換えて読んでみてください。さんはい。」

　（10mは、4mの何倍ですか。）

「□に数を入れて式を作りなさい。」数字の問題文の方が立式しやすい。

　　式　10 ÷ 4 = 2.5　　　　答え　2.5倍　　　筆算　4)10

　「式・筆算・答えの3点セットで解くんですよ。」この流れができてしまえば授業は安定する。教師は手順を子どもに問い、確認し、ほめ続ける。

```
        4m                 10m
  赤のリボンの長さ は、 青のリボンの長さ の何倍ですか。
```

（4mは、10mの何倍ですか。）

　　式　4 ÷ 10 = 0.4　　　　答え　0.4倍　　　筆算　10)4

4 吹き出しで説明させる

「横に棒グラフがある。2倍と3倍の間に□がある。『2.5倍』はみ出してもいいから書きなさい。」

今、□に書いた2.5を説明できる人？

（ええ？）と戸惑う子が多い。教科書をよく見ている子だけが手をあげる。

（2.5倍というのは、4mを1とみたとき、10mが2.5にあたることを表しています。）「すごい！ 天才だ。これはとっても簡単だよね。どうしてわかったの？」（教科書に書いてあります。）説明は教科書に載っているのだ。

「とっても大切なので、説明をみんなで読もう。」

「とっても大切なので、説明を吹き出しで囲んで、2.5倍とつなげよう。」

（板書）

2.5

2.5倍というのは、4mを1とみたとき、10mが2.5にあたることを表しています。

10÷4で吹き出しを囲んだ。変化のあるくり返しで4÷10でも問う。

「説明できる人？」教科書を見れば書いてある。読めた子をほめる。

「何をしますか？」（吹き出しを書く！）「お隣に説明してごらん」

0.4

0.4倍というのは、10mを1とみたとき、4mが0.4にあたることを表しています。

5 リズムとテンポをよくする教師の問い

算数授業の中で次の問いを使おう。使いこなせばリズムとテンポがよくなる。

「次に何をしますか？」「次に先生、何と言うと思いますか？」

子どもが手順を答える。自分が発見したかのように自信を持って。教師は力強くほめる。子どもたちはますますやる気を出す。授業のテンポがいっそうよくなる。

（木村重夫）

1 1時間に1回は全員のノートをチェックする

「どの子のノートにも45分のうち 1回は教師が○をつける」

POINT! 授業中に全員ノートチェックを行い、子どもを励まし学力を つけよう！

1．ノートチェックの大切さ

（1）向山氏の言葉

　向山洋一氏が繰り返し言う言葉がある。

> 「1時間の中で、全員のノートに1回は教師が○をつけてあげること。」

　向山氏は、32年間の教師生活の間、算数の授業の中で、1時間に1回だけはどの子にも○をつけていた。子どものノートに○をつけるということは大切なことであったのだ。

（2）ノートチェックとは

　ノートチェックとは、授業中に行う教師の授業行為である。ほめ言葉や励ましの言葉を言って、○をつけたり、×をつけたりして、子どもの学習状況を教師が確認することをいう。

2．ノートチェックの仕方

（1）ノートチェックをどんなときにするか

　ノートチェックをどんなときにするのか。以下の場面が考えられる。原則、子ども全員のノートをチェックする。

> ①基本型の確認
> ②習熟の確認
> ③授業最後のノートチェック

（2）基本型の確認

　例題指導では、基本型を示し、解き方が視覚的に理解できるようにする。

　2年生の 100 より大きい数の基本型の確認ポイントは3つ。

①教師が黒板に書いた基本型を同じようにノートに書く。

②1マスに1つの数字を書く。

③百の位、十の位をそろえて書く。

　4年生の割り算の基本型の確認ポイントは2つ。

①補助計算のかけ算を書いている。

②横線はミニ定規を使って線を引いている。

　ノート指導の最初の問題でチェックしている。書いていない場合は書き直しをさせる。1問しか書いていないから書き直せる。

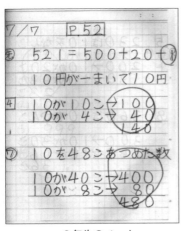

2年生のノート

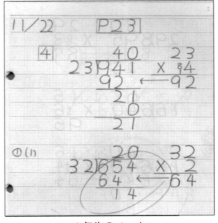

4年生のノート

（3）習熟の確認

　練習問題ができているかのチェックが習熟の確認である。練習問題が4問の場合、原則「2問目ができたら持っていらっしゃい。」と言う。

　1問目で持ってこさせたら、同じ速さで終わる子が多い。時間差をつける意

味で2問目なのだ。教師は1問目の○付けをせず、2問目だけの○付けをする。

（4）授業最後のノートチェック

　授業の最後に、その日やった練習問題がすべて書かれているかチェックする。きれいに書いてあるかもチェックする。ここは、「A、B、C」と個別評定する。

　ノートに全ての問題が書いてない時は、書かせてから評定をする。書いてあれば、先生と同じくらいが「A」、きれいな場合は「B」、もう少しのときは「C」とした。特に上手な子には「AA」をつける。

　列ができないように短時間にノートチェックを行う。このチェックは子どもが喜ぶ。「今日はきれいに書いたよ。」と言って、私に見せる。また、「AA」が出たときには、子どもから歓声が上がり、そのノートがお手本となった。右は2年生のノートである。

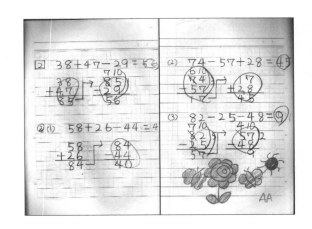

3．ノートチェックのポイント

（1）子どもが教師の所にノートを持っていく

　授業中、子どものノートチェックをするスタイルには2つの方法がある。1つは教師が子どものところに行き、チェックする方法で、もう一つは教師のところに子どもに持ってこさせる方法である。

　教師が子どものところに行って○を付けるやり方では、

　　　①呼ばれるたびに教師はあちこちへ動く。

　　　②苦手な子に個別指導を十分時間が取れない。

　　　③手を上げてもなかなか先生が来ないと騒ぐ子が出る。

と、なることが多い。

半面、子どもにノートを持ってこさせる方法だと、

　①子どもが次々にやってくるので教師の動きのロスが少ない。

　②○をもらった子は次の課題をやる。

　③×をもらった子は、席に着くまで間違えた理由を探す。

つまり、教師が動かず子どもが先生に持ってくる方法がよいと考える。

（2）一方通行で子どもを動かす

　教師の所に子どもが来る動く道を決め、一方通行で動かしたい。

　例えば、教師が教卓の所にいるとすると、教師から見て左側から歩いて、○をもらったら右側に歩いて自分の席に着くようにさせる。

（3）ノートは教師が見やすいように持たせる

　子どもの列が長くならないようにしたい。そのためには、早く○付けをすることが必要である。子どもに教師にノートを見せるときには、教師が見やすいようにノートを向けさせる。両手でノートを持たせる。

（4）ほめながら○付けをする

「すごい」「正解」「一発合格」など正解した子には、ほめながら○付けをする。間違えた子には、「惜しい」「考え方は良い」などと言って、×をつける。

　ただ、×をつけられるとやる気をなくす子もいる。そんな子には、×をつけないで言葉だけにする。

（5）間違えた子には、説明をしない

「小さな親切、大きなお世話」という言葉がある。子どもは、間違えた理由を、×をもらって席に着くまでにノートを見ながら考え、見つけるものである。子どもに「あ、そっか」と気付かせるようにしたい。

（細井俊久）

「学力定着はノートの美しさで決まる」

 POINT! ノート指導のポイントは「ノートスキル」と「教師の根気」である。

> 「勉強ができる子は、ノートが美しい。」

つまり、

> 「ノートを美しく書ける子は、勉強ができるようになる。」

と言える。だが、子どもには「美しいノート」のイメージがない。そのイメージが持てるようになる教材が、「算数ノートスキル」（東京教育技術研究所）である。年度初め、学期初めなどの節目に行うと効果的である。

1、2年生は「うっトリくん」　　　　3年生以上から「算数ノートスキル」

1 算数ノートスキルのユースウェア

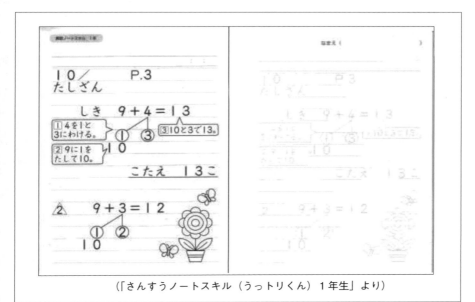

（「さんすうノートスキル（うっトリくん）1年生」より）

「算数ノートスキル」には、教師用のユースウェアがついている。基本的には
このユースウェア通りに指導していけばよい。以下、算数ノートスキルのユー
スウェアから一部引用。

①「趣意説明」
②算数ノートスキルを配付
③基本指示
　「左ページとそっくり同じように、右ページをなぞりなさい。」
　「花丸・植木鉢・チョウチョは写しません。用意……始め。」
④大切な予告（教師の統率力を示す）
　「薄い線から大きくはみ出している人は、書き直しです。」
　「ミニ定規を使っていなければ書き直しです。」
⑤たくさんほめる
⑥教師への「見せ方」の指導
　「ノートスキルを両手で持つ」「先生の方に向ける」など、日常のノート

指導の基本を押さえることで、統率力を高め、荒れを防ぐことにもつながる。

⑦全員のノートスキルを評定する

　評定基準「とってもきれい」……ＡＡ

「きれい」……Ａ　　「もう少し」……Ｂ

⑧列をつくらせない

　評定は、パッと見て教師が瞬時に判断する。

⑨時間差への対応をして、空白をなくす

　「早く終えた人は、花丸・植木鉢・チョウチョを赤鉛筆でなぞりなさい。」

⑩時間があれば、もう１枚にチャレンジさせる

　多くの子たちはノートが美しくなる。しかし、１回の指導だけではなかなか難しい。普段の授業でも、繰り返しの指導が必要になる。ノートスキルは約10単元のノートが掲載されているので、その単元ごとに使っていくとよい。

2　教師の根気で、美しいノート、学力定着、自己肯定感の向上が生まれる

　右のノートは、真面目で大人しく、学力は中程度の女の子（Ａ子）のノートである。Ａ子は丁寧に書いてはいるが、字が小さいことからもわかるように、自分にあまり自信が持てない子だった。

　私はその丁寧さをたくさんほめた。しかし、それでもノートはなかなか変化しなかった。そこで、

具体的な指導を入れながら、ほめた。

　以下が声かけ及びノートへのコメントの内容である。

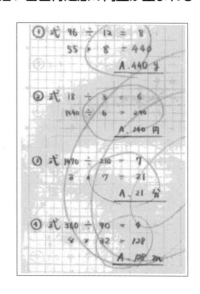

> 「丁寧だね。字が大きくなると、さらにいいね。」
> 「字が大きくなったね。マス目いっぱいに書くと、さらにいいよ。」
> 「マス目ぴったりで、濃く太く書けたね！　すばらしい！」

　まずは、「字を大きく書く」ことに絞った。前よりも少しでも大きく書いている字を取り上げ、上記のコメントを書いたり、声をかけたりした。

　字が大きくなってきたところで、次は、「濃く太く書く」ことに絞った。こちらも、濃く太く書いている字を取り上げ、ほめたり、指導したりしていった。A子のノートは少しずつ変容していった。さらに、

> 「美しいノートになってきたね。クラス No.1 だ。」
> 「すごいなあ。中学生にも劣らないレベルだ。」
> 「うっとりするくらいキレイ。私の教師人生で最高レベルだ。」

　毎日のように上記の声かけやノートへのコメントを続けた。

　ただ、ときには字が小さく、薄くなってしまうこともあった。その際は、ノートの字の一部を「ここが大きく書けたね！」と矢印等で示し、「事実」をもとにほめていった。そして、右のようなノートになっていった。

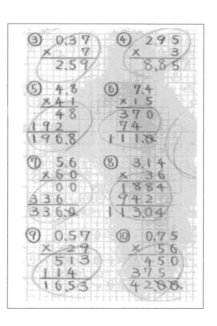

　ノートが美しく書けるようになると同時に、学力もぐんぐん伸びていった。また、自己肯定感が高まり、積極的になっていった。

　ノート指導は教師の根気が試される。しかし、その効果はとてつもなく大きいのもまた事実である。

（桜沢孝夫）

「できる子だけが活躍する「説明」 授業から抜け出す」

 「説明の型」で、どの子も説明ができるようになる！

算数の「説明させる」授業でよく見かける光景である。

> 一部のできる子だけが説明し、他の子たちは聞いているだけ。できない子は説明できず、聞いていてもわからないまま授業が終わる。

全国学力・学習状況調査でも、毎年「説明させる」問題が出題されているが、正答率は伸びていない。

> できる子も、できない子も、すべての子が説明できる授業が求められている。

と言えるだろう。教科書を使った授業で、「説明させる」問題が解けるようにしていく。例えば、次のような授業を行う。小学校4年生の問題である。

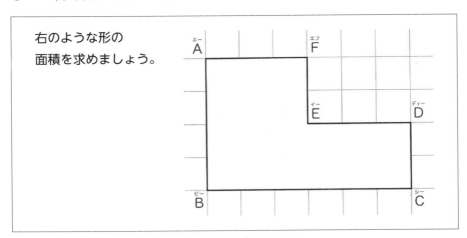

右のような形の面積を求めましょう。

「解きなさい」と指示すると、子どもたちはいろいろな解き方を出す。例えば、次のような解き方が出てくる。

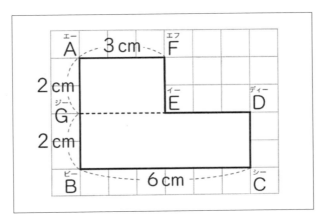

説明させるときには、「説明のまつだくん」を使う。

> まず……
> つぎに……
> だから……

例えば、以下のような説明になる。

> まず、補助線を引き、2つの四角形に分けます。
> つぎに、2つの四角形の面積を計算します。
>   式　2×3＋2×6＝18
> だから、面積は18cm²となります。

　子どもの説明は不十分なことも多いので、前述のように、子どもとやりとりをしながら、文を整えることが必要になるだろう。加えて、「写す」「読む」数学的活動を行う。

　よく見る授業ではこの1問を解いて終わってしまい、練習問題までできないことが多い。そのため、説明する体験が不十分となる。加えて、「説明の型」を用いて、別の問題で説明する体験もまた不十分になるため、なかなか「できる子だけが活躍する『説明』授業」から抜け出すことができない。改善するポイントは次のとおりである。

練習問題で、先ほどの「説明」を使って解く。

　先ほどの「説明」を「説明の型」にして、同じように解かせることで、でき
ない子にも説明の体験を保証する。例えば、次のような練習問題を出す。

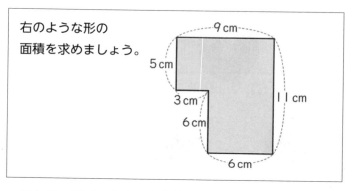

　例えば、以下のように補助線を入れ、「説明のまつだくん」を使う。

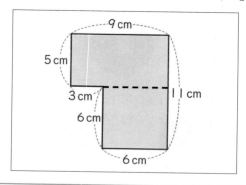

> まず、補助線を引き、2つの四角形に分けます。
> つぎに、2つの四角形の面積を計算します。
> 　式　5×9＋6×6＝81
> だから、面積は81cm²となります。

　先ほどの問題で一度解いているので、安心して説明の型を使って求めること
ができる。
　説明する力は低学年からつけていく。次に小学2年生の授業を紹介する。

このはこの中のおだんごは
ぜんぶで何こありますか。

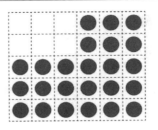

例えば、次のような解き方が出てくる。

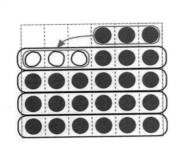

まず、３こを下に動かします。
つぎに、計算をします。
　式　４×６＝24
だから、答えは24こです。

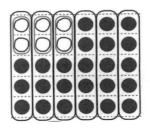

まず、空いているところにもだん
ごがあるとして考えます。
つぎに、計算をします。
　式　５×６＝30　２×３＝６
だんごをひき算します。
　　　　30−６＝24
だから、答えは24こです。

　複数の解き方を取り上げることもある。ただ、低位の子は複数の解き方が理
解できないこともある。その場合は、無理をさせずできる範囲でやらせる。次
に、上記の型を活用して、以下のような練習問題を解いていく。

●の数はぜんぶで何こありますか。
くふうして、もとめましょう。

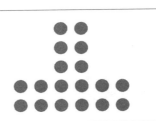

（桜沢孝夫）

「算数授業の必須アイテム」
（百玉そろばん、フラッシュカード、計算スキル、QR コンテンツ）

 POINT! 毎日やるからこそ、算数好きを増やし、確実に子どもに力がつく！

　どの学年、どの学級にも通用する算数の必須アイテムがある。これらは、支援を要する子どもにもやさしい教材・教具である。

　授業の導入では、教室全体の子どもたちの視線を一気に惹き付けることがポイントである。

1　百玉そろばん──授業の導入定番教具

　百玉そろばんのよさは、

①毎時間繰り返すことで、子どもたちに自然と数量感覚が身につく。
②全学年・全単元にも応用が可能である。

ということである。

（1）基本

①子どもから見て、一段目の左側が赤玉となるようにする。

　子ども用の百玉そろばんの向きとそろえる。
②全員に見える位置で操作する。

　全員に百玉が見えなければ百玉そろばんとはいえない。教卓の上など高い位置で操作する。
③玉をはじくときは、子どもに目線を送る。

　慣れないと玉の方に目線をやってしまいがちになる。できる限り子どもの方を見るようにする。2とび、5とびなどの場合も、指の幅を一定に保ってはじく練習をすることで、玉を見なくてもはじけるようになる。
④学級のいちばん低位の子どもに合わせる。

　百玉そろばんをやり始めると、多くの子どもは熱中する。しかし、全体を見

回すと、どこかにつまらなそうな顔をしている子どもがいる。それは、その子どものレベルに合っていないからである。最初は、全員がついてこられるように、学級でいちばん低位の子どもに合わせて行うとよい。

⑤はじき方はそれぞれである。

　オーソドックスなはじき方はある。しかし、それにとらわれる必要はない。基本は、右手の親指、人差し指、中指を使う。技や状況によって、親指だけ、人差し指だけなどではじく場合もある。自分のやりやすいようにはじくとよい。

⑥4拍子で行う。

　全員が熱中するためには、心地よいリズムとテンポが大切である。原則、4拍子のリズムに乗って行う。

（2）基本技（QR コンテンツも参照）

　教師：「百玉そろばん」　子ども：「百玉そろばん」

　教師：「順唱」　　　　　子ども：「順唱」

というように始める。

　はじいた玉が「カチッ」となった直後に、子どもが数えるようにすることがポイントである。多くの場合、教師が玉をはじいたと同時に「一」と数えがちである。これを矯正するには、教師が玉をはじいた直後に、次にはじく玉を「カチッ」と鳴らしてあげる。「この『カチッ』となったと同時に数えるんだよ」と教える。

　主な基本技は以下のとおりである。

①順唱　　　②逆唱　　　　　　　③2とび　　　④5とび

⑤10とび　⑥10の階段・合成・分解　⑦かけ算九九　⑧おこづかい

　この他の技もある。例えば、逆唱は2とびや5とび、10とびでも行うことができる。さらに、11とび、12とび（いちばん下からはじいていく）などの技を行うこともできる。大きな数の単元では、「1個で1000」などと言ってはじく。「10個で10000」ということを感覚的に理解することができる。また、子ども用百玉そろばんを使って、子どもにも操作させるとよい。

（3）応用技

　百玉そろばんの可能性は無限にある。TOSS の百玉そろばんの原実践者（河原木孝浩氏）によれば、百玉そろばんは算数の全学年・全単元に応用できるという。教師の工夫次第で活用の可能性が無限に広がる。応用技の一例を紹介する。

①小数　　　　②分数　　　　③面積　　④かくし玉
⑤３本締め　　⑥３・３・７拍子　⑦剣玉　　⑧漢字クイズ

　この他にも様々応用が可能である。教科書単元と関連させながら、新たな技を考えていくと教材研究も楽しくなる。

　また、教科書単元と直接的な関連はないが、アクロバット系の技をやると、子どもたちはとても喜ぶ。算数は毎日ある。導入の時間に百玉そろばんを扱うことで、毎日の算数の授業が楽しくなる。

（４）長く使うために……

　百玉そろばんは安い買い物ではない。学校にある場合もあるが、自前で持っている教師も多い。せっかく高いお金を出して購入したのだから、長く使いたいものである。しかし、実際には、使っていれば様々傷んでいく。よく見られる傷みは桁のゆがみである。このゆがみは持ち方に気を付けるだけでゆがまなくなる。横に倒して持ち歩くようにするとよい。

　また、そのまま持ち歩くことに気が引ける場合には、自作の袋を作ってもよいだろう。トモエそろばんからも専用の袋が発売されている。

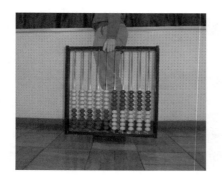 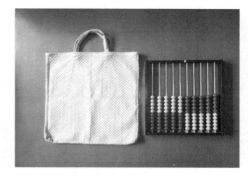

2　フラッシュカード──授業の定番導入教材

　フラッシュカードのよさは、

①授業開始の１分で一気に子どもを惹きつけることができる。
②毎時間繰り返すことで、子どもたちに基礎的な学力をつけることができる。

ということである。

（1）基本（QRコンテンツも参照）

　ポイントは5つある。

①全員が見える位置で行う。

　高さは、教師の胸の辺り、もしくは顔の横で
行うとよい。立ち位置は、教室前の真ん中より
も、右側か左側の方が全体から見えやすい。

4時30分

②フラッシュのように高速でめくる。

　ゆっくりやると、子どもの記憶に残りにくい。リズム・テンポよくフラッシュ
のようにめくっていくのがよい。

③2回→1回→0回と復唱させる。

　1周目：教師→子ども→教師→子どもと、2回言わせる。

　2周目：教師→子どもと、1回言わせる。

　3周目：子どもだけで言わせる。

④カードは後ろから前へめくる。

　後ろから前へめくることで、次に何のカードが出るのかを教師がわかる。

⑤カードの枚数は、3～5枚程度がよい。

　ワーキングメモリーは、4±1といわれる。したがって、1回のフラッシュ
カードで扱う枚数は、3～5枚程度の範囲内がよい。翌日にやるときは、1・2
枚カードを変えてみるなど、変化のある繰り返しで毎日行っていく。

（2）基本技

　基本は、2回→1回→0回の順に繰り返して終わりである。

（3）応用技

隣同士で勝負……カードをめくり、どちらが先に言えるかを勝負する。教師はどちらが先に言ったかを瞬時に判断する。

　じわじわカード……上下左右様々な方向からカードをじわじわと出し、わかった時点で子どもが答える。

　ひらひらカード……カードをひらひらさせながら出して、子どもが答える。

　授業のまとめでは、45分の授業の内容をしっかり定着させて終えたい。どの子もわかった、できたという感動を味わわせて、授業を終えるためにぴったりの教材がある。

3　あかねこ計算スキル──成功体験で授業が終わる

　あかねこ計算スキルのよさは、

①一人一人に合わせたコース選択が可能である。
②どのコースを選んでも100点であり、成功体験で授業が終わる。

ということである。

（1）教材採択で勝つ！

　どんなによい教材であったとしても、年度当初に行われる教材採択で勝たなければ始まらない。算数の副教材には、計算ドリルを主として、多くの教材が並ぶ。多くの教師は単純に計算ドリルを採択する。計算ドリルなら、宿題に出せるというのが主な理由のようである。しかし、宿題で全員の子どもの学力を保証することはできない。学校でやれば3分でできる問題が、家では30分かかってもできない子どももいるのである。全員の子どもの学力を保証するのは、授業でこそなければならない。

「あかねこ計算スキル」を採択するための手立てはいくつかある。本来であれば、コース選択ができることや全員100点などの思想を伝え、そこで採択したい。しかし、これは理解を得られない場合が多い。正攻法で攻めたからといっ

て、必ずしも採択できない。採択するために、以下のように段取るとよい。

①教材採択の準備は自分が行い、取りたい教材をいちばん上に置いておく。
②解き方が書いてあり、支援を要する子どもでもできる。
③最後のまとめのテストは、プレテストのように扱えることを伝える。
④前年度の子どもの感想など、子どもの事実を伝える。
⑤宿題は全部自分が印刷するので、採択させてほしいとお願いをする。
⑥これしか使ったことがないので、どうしても使わせてほしいとお願いする。
⑦「他は譲りますから、これだけは」と言って、採択する。

　ここまでやって、採択できないのであれば、仕方がないだろう。その場合は、計算ドリルでも、工夫して扱うことはできる。「あかねこ計算スキル」の場合、問題の配列が工夫されている。

あかねこ計算スキル
①A　②B　③A　④B　⑤B　⑥A　⑦B　⑧A　⑨B　⑩B
計算ドリル
①A　②A　③A　④A　⑤A　⑥B　⑦B　⑧B　⑨B　⑩B

　この構成は、2問コースを選んだとしても、②までの問題ができれば、時間はかかるにしても、おおむね⑩までできるだろうという思想に基づいている。この仕組みを応用する。ドリルの場合、全20問あるならば、①、⑥、⑪、⑯をやれば、一通りのパターンを解いたことになる。
（2）ユースウェア通りに扱ってこそ、最大限に子どもに力がつく。
　ユースウェア通りに扱うことで子どもたちに最大限に力をつけることができる（ユースウェアはQRコンテンツを参照）。答えを後ろから言ったり、シールを貼らせたり、一つ一つに意味がある。ぜひ、成功体験で授業を終わらせ、算数好きな子どもを育ててほしい。

（友野元気）

「数学的な見方・考え方」とは何なのか。私は「数学的な見方・考え方」を「図、数、式、表、グラフ等を使って解くこと」と定義した。短く定義することが大事である。学校の研修においても、全職員で、言葉を共通した定義にすることが大事である。研修は、言葉の定義から始まる。

「数学的な見方・考え方」を指導するには、5つのポイントがいる。

例えば、「つばささんの言っていることは正しいですか。正しいか正しくないかのどちらかで答えましょう。また、そのわけを、言葉や式を使って説明しましょう」という問題がある（啓林館6年生）。

①答えを確定させる

「正しいですか、正しくないですか。お隣と相談。」数秒後、手をあげさせ確認する。私の学級では、1名が正しくない、34名が正しい、だった。「では、意見をどうぞ。」意見が続く。林学級では、数分後には、「やっぱり正しい」と1人の子が納得した。ここに時間はかけない。大事なのは説明させるほうだ。理由の説明でも、方法の説明でも、答えを確定させてから、説明を書かせる。

②ノートに書かせる

「理由を、班で話し合ってみましょう」としてはならない。算数が苦手な子は、班の中で何にもしない。ぼーっとしている。活躍するのは、算数が得意な子だけだ。ぼーっとさせないために、どうするか？　自分のノートに書かせるのだ。途中、「まだ1文字も書いていない人は立ってもらおうかな。」と言う。

授業には、多少の緊張感が必要だ。「こういうときに、何か書くことが大事なのだ。一番いけないのは、何にも書かないこと。」と趣意説明もする。書けた子から、ノートを持ってこさせる。

③黒板に書かせる

黒板に理由を書かせる。早く書けた子からのときもあるし、教師が選んで書かせるときもある。いずれにせよ、必ず黒板に書かせる。黒板をもとに、クラ

スみんなで話し合いをさせるからである。アクティブ・ラーニングさせるための土台となる。なかなか鉛筆が進まない子もいるだろう。「黒板を参考にしてもいいですよ。」という。どの子のノートにも、教師が○をつける。

④黒板で評定する

　黒板に理由を書かせる。教室前の黒板に8人、教室後ろの黒板に2人、合計10人の理由が並ぶ。説明させるときは、必ず指示棒を持たせる。指示棒があるだけで、説明がしやすくなる。「ここをかけたので」というとき、「ここ」を指せばいい。図や表を指せばいい。発表が終わる。私が点数をつける。「5点」「6点」「10点」。子どもたちから「おおお！」と歓声があがる。「今のを参考にして、もう一度、説明を書きなさい。」子どもたちの説明は、ぐうんと飛躍する。向山式要約指導と同じである。ここで、「数学的な見方・考え方」を伸ばしていく。個別評定なしに、学力が伸びることはない。1学期末には討論させていく。「誰の説明がよいですか。」と言う。後は指名なし討論である。

⑤隣同士で説明させる

　最後に、「隣同士で説明、言い合いっこしなさい。」と言う。

　例えば、黒板の前で説明したのは、10人。残り21人は説明していない。説明力をつけるには、説明した「数」を増やすことが必要だ。

「隣同士」は時間をかけず、数を増やせる。

　説明問題だけではない。

「数学的な見方・考え方」の指導は、①個別評定の原則、②全員の原則が大事である。つまり、45分間でどの子のノートにも○をつけることが原則なのである。

（林　健広）

数学的活動

 数学的活動は「数学的に考える資質・能力を育成する」重要な役割である。

①数学的活動

数学的活動とは、事象を数理的に捉えて、算数の問題を見いだし、問題を自立的、協働的に解決する過程を遂行することである。

この算数・数学の問題発見、解決の過程には大きく２つある。

・「日常生活や社会の事象を数理的に捉え、数学的に表現・処理し、問題を解決し、解決過程を振り返り得られた結果の意味を考察する、という問題解決の過程」

・「数学の事象について統合的・発展的に捉えて新たな問題を設定し、数学的に処理し、問題を解決し、解決過程を振り返って概念を形成したり体系化したりする、という問題解決の過程」

という２つの過程が関わり合いながら展開されていく（図１）。

数学的活動は、数学を学ぶための方法であるとともに、数学的活動をすること自体を学ぶという意味・内容でもある。

また、その後の学習や日常生活などにおいて、数学的活動を生かすことができるようになるという意味で数学を学ぶ目標ともいえる。

図1

②数学的活動の類型

数学的活動は、事象を数理的に捉え、算数の問題を見いだし、問題を自立的、協働的に解決する過程を遂行するという観点から、３つもしくは４つの活動に集約されている。これらの活動は「Ａ　数と計算」「Ｂ　図形」「Ｃ　測定」「Ｃ　変化と関係」及び「Ｄ　データの活用」の５領域を包括し、小学校算数の教育課程全体に構造的に位置づけられている。

次ページの表は数学的活動の類型一覧である。

数学的活動一覧

	数量や図形を見いだし、進んで関わる活動	日常の事象から見いだした問題を解決する活動	算数の学習場面から見いだした問題を解決する活動	数学的に表現し伝え合う活動
第1学年	身の回りの事象を観察したり、具体物を操作したりして、数量や形を見いだす活動	日常生活の問題を具体物などを用いて解決したり結果を確かめたりする活動	算数の問題を具体物など用いて解決したり結果を確かめたりする活動	問題解決の過程や結果を、具体物や図などを用いて表現する活動
第2学年	身の回りの事象を観察したり、具体物を操作したりして、数量や図形に進んで関わる活動	日常の事象から見いだした算数の問題を、具体物、図、数、式などを用いて解決し、結果を確かめる活動	算数の学習場面から見いだした算数の問題を、具体物、図、数、式などを用いて解決し、結果を確かめる活動	問題解決の過程や結果を、具体物、図、数、式などを用いて表現し伝え合う活動
第3学年	同上	同上	同上	同上
第4学年		日常の事象から算数の問題を見いだして解決し、結果を確かめたり、日常生活等に生かしたりする活動	算数の学習場面から算数の問題を見いだして解決し、結果を確かめたり、発展的に考察したりする活動	問題解決の過程や結果を、図や式などを用いて数学的に表現し伝え合う活動
第5学年		同上	同上	同上
第6学年		日常の事象を数理的に捉え問題を見いだして解決し、解決過程を振り返り、結果や方法を改善したり、日常生活等に生かしたりする活動	算数の学習場面から算数の問題を見いだして解決し、解決過程を振り返り統合的・発展的に考察する活動	問題解決の過程や結果を、目的に応じて図や式などを用いて数学的に表現し伝え合う活動
（中学校　第1学年）	日常の事象を数理的に捉え、数学的に表現・処理し、問題を解決したり、解決の過程や結果を振り返って考察したりする活動	数学の事象から問題を見いだし解決したり、解決の過程や結果を振り返って統合的・発展的に考察したりする活動	数学的な表現を用いて筋道立てて説明し伝え合う活動

例えば第6学年の「比例と反比例」では、次のような学習がある。

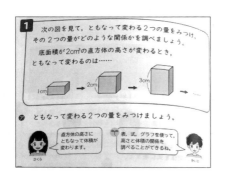

ともなって変わる2つの量について調べる学習である。ここでは、表や式、グラフに表して説明する活動がある。

この活動は、数学的活動の「数学的に表現し伝えあう活動」に当てはまる。

単に問題を解決することのみならず、問題解決の過程や結果を振り返り、得られた結果を捉えなおしたり、新たな問題を見いだしたりして、統合的・発展的に考察を進めることが大切である。

このような数学的活動の様々な局面で、数学的な見方・考え方が働き、その過程を通して数学的に考える資質・能力の育成を図ることができる。

③数学的活動の取り組みにおける配慮事項

（1）言語活動の充実

数学的活動を通じて学習の過程を振り返り、評価・改善することができるようにするためには、言語活動を充実させることが大切である。

より具体的には、これらの問題解決の過程において、よりよい開放に洗練させていくための意見の交流や議論など対話的な学びを適宜取り入れていくことが必要である。そのために、あらかじめ自己の考えをもち、それを意識した上で主体的に取り組むようにし、深い学びを実現することが求められる。

（2）数学的活動を楽しめるようにする機会

IEAの国際数学・理科教育動向調査（TIMSS）によると、算数が楽しいという日本の児童の割合は増加しているものの、国際的に比較すると低いという結果が出ている。また、算数が得意と答える児童の割合も国際平均より低い。そのため、数学的活動を充実させ、算数は楽しい、面白いと感じ、算数が得意になるような授業づくりが求められる。

算数を日常の事象と結びつける活動、具体物を扱った操作的・作業的な活動、実際の数や量の大きさを実験・実測するなどの体験的な活動、表や図、グラフなどから決まりを発見するなどの探求的な活動の他、友達と協力して学びあう活動や説明しあう活動なども含まれる。このような活動を通して、児童が活動

の楽しさに気づくことが大きなポイントである。

（3）見通しと振り返り

　数学的活動は、基本的に問題解決の形で行われる。問題解決の過程では、既習事項をどのように用いるか構想を立てられるようにすることの他、データの収集整理、観察、操作、実験など様々な活動を必要に応じ適切に選択し行いながら結果を導くことができるようにすることが重要である。導いた結果について自らの活動を振り返り、評価することは、よりよいものに改めていくためのきっかけや新しい問題を得る機会でもあり、児童の自立的な取り組みを促す上で大切なポイントである。

　見通しを持って数学的活動に取り組み、問題解決した後に振り返ることで、児童自らが問いを持ち、数学的活動を自ら遂行することができるようになるのである。

（4）数学的な表現の相互関連

　具体物を用いて実感的に理解したことについて、算数・数学の言葉である数や式を用いて簡潔・明瞭・的確に表現し、そのことを用いて問題解決することは、算数・数学の学習を進めていく上で大切である。

　一方で、数や式で説明されただけでは抽象的で理解できない児童がいることがある。このような時、具体物や図、表を基に説明されると理解が進むことがある。同様に、伴って変わる2つの数量の関係がある場合は、表と式とグラフの相互の関連を図ることが大切である。

　このように、数学的な表現を柔軟に用いることが数学的活動を行う上で重視されなければいけない。

（5）学びあいやよりよく問題解決できたことの実感

　問題解決の過程において、友達と考えを伝え合うことで学びあったり、よりよい解放に洗練させたりするための意見の交流や議論など対話的な学びを適宜取り入れていくことが必要である。そして、学習の過程と成果を振り返り、よりよく問題解決できたことを実感する機会を設けることが大切である。

　対話的な学びを取り入れることで、児童が自分の考えや集団の考えを広げたり深めたりすることに留意することが重要である。

（二宮圭佑）

2

プログラミング教育

 算数でのプログラミング教育の軸は、デバッグだ。

1　算数教科書の中のプログラミング教育

　プログラミング教育の手引きの中で、4つの学習活動で実施することとなっている。4つの学習活動を以下に示す。

---

①学習指導要領に例示されている単元等で実施するもの。
②学習指導要領に例示されてはいないが、学習指導要領に示される各教科
　等の内容を指導する中で実施するもの。
③教育課程内で各教科等とは別に実施するもの。
④クラブ活動など、特定の児童を対象として、教育課程内で実施するもの。

　プログラミング教育は、2つに分けることができる。1つ目は、プログラミング体験。もう一つは、教科の中で育成するプログラミング思考である。
　①と②は、プログラミング教育の中でも「プログラミング思考の育成」にあたる学習活動である。
　③と④は、「プログラミング体験」を通した学習活動である。
「プログラミング思考」と「プログラミング体験」の2つで構成していることを知るだけで、プログラミング教育を理解する第一歩となる。
　パソコンに不慣れだからといって、プログラミング教育をできないことはない。まずは、教師が主体的に取り組みところから始めたい。

　プログラミング教育は、パソコンを使うプラグドの学習活動と，パソコンを使わずにプログラミングを学ぶアンプラグドの学習活動がある。算数でのプログラミング教育は、プログラミング思考の育成である。プログラミング的思考の定義は以下のようになっている。

> 自分が意図する一連の活動を実現するために、どのような動きの組合せが
> 必要であり、一つ一つの動きに対応した記号を、どのように組み合わせた
> らいいのか、記号の組合せをどのように改善していけば、より意図した活
> 動に近づくのか、といったことを論理的に考えていく力。
>
> （抜粋）小学校プログラミング教育の手引　第二版

　教科書の中には、1年生からプログラミング的思考を養うことができるペー
ジが設定されている。各教科書会社で工夫がなされている。
　啓林館の教科書は，以下のように設定されている。

1年生……もののいち
2年生……筆算（加法・減法）
3年生……筆算（加法・減法・乗法）
4年生……筆算（除法）
5年生……正多角形の作図の仕方
6年生……条件にあう整数のみつけ方

　プログラミング的思考を低学年から養うように教科書の中で系統的に配置さ
れている。例題を基にして、練習問題を解くようになっているため、段階的に
プログラミング的思考を身につけることができるようになっている。プログラ
ミング学習の動画も見られるようになっている。

2　プログラミング思考を向山型算数で授業する（啓林館5年生）

　プログラミング思考を促す実践事例が、プログラミング教育の中に例示され
ている。例示されているものを実施するところから始めたい。
　啓林館5年生では、「正多角形の作図の仕方」が設定してある。アンプラグ
ドの環境でもできる配慮がされている。

　教師の音読から入る。

ついて読みます。

問題文「右のような命令を組み合わせて、301ページの正多角形の辺にそって、えんぴつくんを動かすときのプログラムを作ってみましょう。」

2つの命令文があります。指で指して。

命令　①まっすぐに□cm進む。②左に□°回る。

ミッション1
㋐まっすぐに4cm進むを実行したとき。

真ん中の黒丸に鉛筆を置いて。動かしてごらんなさい。

㋑左に90°回るを実行したとき。

真ん中の黒丸に鉛筆を置いて。90°回してごらんなさい。

㋒まっすぐに4cm進む。→左に90°回る。を実行したとき。

真ん中の黒丸に鉛筆を置いて。動かしてごらんなさい。

だいち君のセリフが、プログラミングを組むヒントになっている。
「㋒を繰り返すと、正方形になりそうだね。」

正方形を書く時のヒントが書いてあります。みんなで読みましょう。

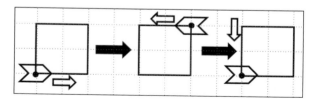

正方形の命令文を示す図がある。

実際に手を動かすことで理解することができる。

真ん中の黒丸に鉛筆を置いて。動かしてみましょう。

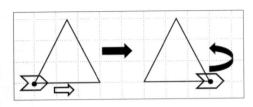

ひなたさんが、「60°回してみると」という言葉がある。

ここは、実際にプログラミングを組んで動かしてみる。試行錯誤をしながら、正三角形を作っていく。

命令文をプログラムの中に、ドラッグ＆ドロップをして、実行をさせる。すると、命令文が完成する。60°動かすと、正三角形を作るところでは、正六角形になってしまう。命令文のどこが、エラーしたかを実行して動かしながら、修正していく。

正三角形を作ってごらんなさい。

下にひなたさんが、「120°になるんだね。」という言葉がある。120°を入れて、プログラムを動かすと上手くいく。

表にある正五角形、正六角形は一つ一つ教えない。デバッグで進める。

正五角形、正六角形と、どんどんやってごらんなさい。

正多形	正三角形	正方形	正五角形	正六角形
回す角の大きさ（°）	120°	90°		

命令文を失敗しながら、学ぶことが大切である。トライ＆エラーを繰り返しながら、命令文を決定していく。タブレットを用意し、グループやペアで活動をさせたい。デバッグを軸にして、授業をすることが、子どもたちにこれからの社会を生き抜く力を身につけさせるのである。

（下窪理政）

キャリア教育

 算数を使って物事を判断できる人間になる！

　2020 年度から発行される算数科教科書には、「キャリア教育」について学ぶページがある。

　「キャリア教育」とは、「今後の学校におけるキャリア教育・職業教育の在り方について（答申）」（平成 23 年 1 月 31 日）において、「一人一人の社会的・職業的自立に向け、必要な基盤となる能力や態度を育てることを通して、キャリア発達を促す教育」とされている。

　この答申の背景には、教育、雇用・労働を巡る新たな課題が生じていることがある。しかし、大切なことは、「一人一人がより幸福な人生を送っていく」ということである。子どもたちが職業生活の中で力を存分に発揮できるようにすることが重要であり、その基盤づくりが学校教育に求められている。

　では、算数科においては、どのような実践が可能なのだろうか。

　ある教科書では、身近にある芸術作品と算数の関係（アート×算数）、お菓子の材料の分量と算数の関係（おかし×算数）、スポーツの成績と算数の関係（スポーツ×算数）などを学ぶ。小学校で学んだ算数が、どの仕事に結びつくのか、これからどのような場面で役立つのか、いろいろな分野の先達の話を聞くことができるのだ。

　キャリア教育情報誌『つ・な・ぐ』第 3 号の巻頭メッセージで、笠井健一氏は以下のように述べている。

【「算数を使うと、生活をよりよくすることができた！」という体験・経験を子どもたちに積ませることが大切です。そして、算数の考え方を使って、物事を判断できる人に育ってほしいと思います。】

　上記の内容をもとに、学級で実践を行った。

夏休みが終わり、学校がスタートした。子どもたちは気持ちを新たに様々な目標を立てていた。その一つに、「漢字で80点が取れるようになりたい。」というものがあった。それを取り上げ活動を仕組んだ。

発問「80点を取るために、どのように練習しますか？」

児童『Ⅰ　覚えるまでノートに書く。』
児童『Ⅱ　覚えるまで指書きをする。』
児童『Ⅲ　毎日、宿題で漢字練習をする。』

大きく3つに分かれた。
「学校でできること」を条件として、ⅠとⅡの2つに絞った。

発問「どちらの方が目標を速く達成できるだろうか？」

児童『僕は、ノートだと思います。書いたほうが覚えやすいからです。』
児童『私は、指書きです。練習方法に慣れているからです。』

意見が分かれたので、教師が助言をした。
「夏休み前に、みなさんは『棒グラフ』の学習をしました。どちらのほうが目標を速く達成できるか、ⅠもⅡも試して、棒グラフにまとめてみましょう。」

　以下の手順で記録をつけた。
（1）夏休み前の小テスト（10問）を国語の時間に毎日行う。
（2）練習時間をストップウォッチで計測する。
（3）点数を記録する。
（4）80点をこえたら次のテストに進む。
（5）1回目のテストはⅠ（ノート）、2回目のテストはⅡ（指書き）というように交互に練習方法を変える。
（6）5回、80点をこえなかったときには、次のテストに進む。

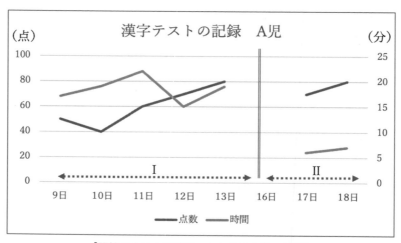

【開始から約 1 週間経ったときの A 児の記録】

　　発問「棒グラフを見て、分かったこと気づいたこと思ったことを発表しなさい。」

　　児童『ノートは合格するまで 5 日、指書きは 2 日です。』

　　児童『ノートに書くときは 15 分以上時間がかかっている。』

　　児童『指書きのときは練習時間が 5 分くらいです。』

　　発問『ノートに書くのと、指書きとどちらの方が目標を速く達成できるだろうか。』

　　児童『指書き。』

　　全員が指書きだと答えたので揺さぶりを入れた。

教師「指書きのほうが速く目標を達成できる。絶対ですね？」

児童が少し悩んでいたが、発言はできなかったので、以下の質問をした。

教師「17 日から、『よし、練習を頑張ろう！』と気持ちを切り替えた可能性はありませんか。」

教師「後のほうが、テストに慣れた可能性はありませんか。」

少し迷っていたので、最近のクラスの合言葉である。

教師「迷ったときはどうする？」
児童『試してみる。』

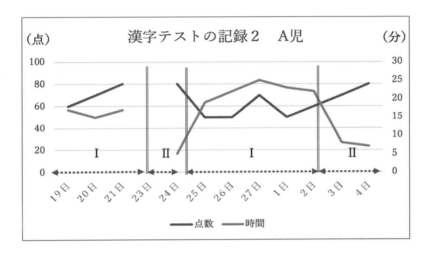

以下、児童の感想である。

児童『指書きのときは、すぐに合格している。』

児童『ノートのときは、合格までに時間がかかる。』

児童『ノートの練習は時間がかかる。』

何度も試してみたことで、指書きのほうがいいと考えることができた。
1か月も試したから、きっと合っていると思う。

【児童の感想一部抜粋】

国語の漢字学習に算数の「折れ線グラフ」を用いて、記録をつけていったことで、児童は指書きにより実感をもつことができた。

発達段階に応じて、算数を生活に生かす活動を仕組むことで、子どもたちは、算数を使って問題を判断するようになる。

（松原　宏）

あとがき

　体育の時間、「向山式跳び箱指導法」によって、跳び箱が跳べない子が次々と跳べた。「腕を支点とした体重移動」の原理によって、跳べない子を跳ばせる。生まれて初めて跳べた子は「やったあ！」と跳びはねて喜んだ。しかし、跳び箱の成功体験は1年間に1度きりだ。ところが、向山型算数で授業すると毎日のように「やったあ！」が生まれた。生まれて初めて算数で100点をとった子がいる。私は腹の底からの手ごたえを感じた。
「向山先生。向山型算数は毎日が跳び箱を跳ばせるかのようです。」
「そうかあ！」と笑顔の向山氏。向山型算数と出会った頃の、私のエピソードである。
　教え方セミナーで参加者から「向山型算数とは何ですか？」と聞かれた。
「教科書をリズムとテンポよく教える授業システムです。」と答えた。
　説明することならできる。大切なことは「向山型算数の授業になっているか」だ。
「教科書を教える」ことは奥が深い。「教科書・で・教える」ではない。「教科書・を・教える」のである。20年前に向山型算数の提唱者・向山洋一氏は述べている。

> 「教科書通りに教える」のは，簡単ではないのだ。まあ，合格点は100人の教師で1人いるかいないかというところだろう。新卒教師なら，100点満点で3点，ベテラン教師なら100点満点で3点，つまり変わりはないということだ。そもそも，「教科書通り教える」とはどういうことか，これまで習ったことがあるのだろうか。習ったことは，ないはずだ。それでいて，できるつもりでいる。困ったものだ。
>
> (向山洋一『向山型算数教え方教室』1999年)

　向山型算数を学ぶには、向山氏のライブの授業を体験することだ。ライブが無理ならば『向山洋一映像全集』『向山洋一算数TT授業DVD』を何度も視聴する。向山型算数セミナーで身銭を切って学ぶ。サークルで模擬授業に挑戦する。教室の子どもの事実に学ぶ。本を読む。こうした地道な学びを少なくとも10年間は続けるしかない。
　本書は、向山型算数を学ぶTOSSの算数教師チームが書き上げた。すべてのバックボーンは向山洋一氏からの学びである。本書の企画・編集・出版に際し、学芸みらい社の樋口雅子氏にたいへんお世話になった。深く感謝申し上げます。

向山型算数セミナー講師　木村重夫

執筆者一覧

◎執筆者一覧　※印は編者

木村重夫　　　日本文化大学講師　※
津田奈津代　　埼玉県公立小学校教諭
細田公康　　　埼玉県公立小学校教諭
春川あゆみ　　千葉県公立小学校教諭
梅澤孝史　　　埼玉県公立小学校教諭
細井俊久　　　埼玉県公立小学校教諭
戸村隆之　　　東京都公立小学校教諭　※
小島庸平　　　東京都公立小学校教諭
並木友寛　　　千葉県公立小学校教諭
村上　諒　　　神奈川県公立小学校教諭
篠崎栄太　　　神奈川県公立小学校教諭
水本和希　　　神奈川県公立小学校教諭
小林正快　　　千葉県公立小学校教諭
林　健広　　　山口県公立小学校教諭　※
下窪理政　　　山口県公立小学校教諭
二宮圭佑　　　福岡県公立小学校教諭
中別府　優　　宮崎県公立小学校教諭
櫻井愛梨　　　兵庫県学生
松原　宏　　　福岡県公立小学校教諭

◎監修者

谷　和樹（たに・かずき）
玉川大学教職大学院教授

◎編者

木村重夫（きむら・しげお）

林　健広（はやし・たけひろ）

戸村隆之（とむら・たかゆき）

授業の腕が上がる新法則シリーズ
「算数」授業の腕が上がる新法則

GAKUGEI
MIRAISHA

────────────────────────────────

2020年4月30日　初版発行

監　修　谷　和樹
編　集　木村重夫・林　健広・戸村隆之
執　筆　「算数」授業の腕が上がる新法則　執筆委員会

発行者　小島直人
発行所　株式会社学芸みらい社
　　　　〒162-0833　東京都新宿区箪笥町31箪笥町SKビル
　　　　電話番号 03-5227-1266
　　　　http://www.gakugeimirai.jp/
　　　　E-mail : info@gakugeimirai.jp
印刷所・製本所　藤原印刷株式会社
企　画　樋口雅子
校　正　境田稔信
装丁・本文組版　小沼孝至

ISBN978-4-909783-31-8 C3037

授業の腕が上がる新法則シリーズ　全13巻

監修：谷 和樹（玉川大学教職大学院教授）

新指導要領対応！

新教科書による「新しい学び」時代、幕開け！
2020年度からの授業スタイルを「見える化」誌面で発信！

4大特徴

基礎単元＋新単元をカバー	授業アイデア＆スキル大集合
授業イメージ、一目で早わかり	新時代のデジタル認識力を鍛える

◆**「国語」授業の腕が上がる新法則**
村野 聡・長谷川博之・雨宮 久・田丸義明 編
978-4-909783-30-1　C3037　本体1700円（＋税）

◆**「算数」授業の腕が上がる新法則**
木村重夫・林 健広・戸村隆之 編
978-4-909783-31-8　C3037　本体1700円（＋税）

◆**「生活科」授業の腕が上がる新法則**※
勇 和代・原田朋哉 編
978-4-909783-41-7　C3037　本体2400円（＋税）

◆**「図画工作」授業の腕が上がる新法則 1〜3年生編**※
酒井臣吾・谷岡裕美 編
978-4-909783-35-6　C3037　本体2400円（＋税）

◆**「家庭科」授業の腕が上がる新法則**
白石和子・川津知佳子 編
978-4-909783-40-0　C3037　本体1700円（＋税）

◆**「道徳」授業の腕が上がる新法則 1〜3年生編**
河田孝文・堀田和秀 編
978-4-909783-38-7　C3037　本体1700円（＋税）

◆**「プログラミング」授業の腕が上がる新法則**
許 鍾萬 編
978-4-909783-42-4　C3037　本体1700円（＋税）

◆**「社会」授業の腕が上がる新法則**
川原雅樹・桜木泰自 編
978-4-909783-32-5　C3037　本体1700円（＋税）

◆**「理科」授業の腕が上がる新法則**※
小森栄治・千葉雄二・吉原尚寛 編
978-4-909783-33-2　C3037　本体2400円（＋税）

◆**「音楽」授業の腕が上がる新法則**
関根朋子 編
978-4-909783-34-9　C3037　本体1700円（＋税）

◆**「図画工作」授業の腕が上がる新法則 4〜6年生編**※
酒井臣吾・上木信弘 編
978-4-909783-36-3　C3037　本体2400円（＋税）

◆**「体育」授業の腕が上がる新法則**
村田正樹・桑原和彦 編
978-4-909783-37-0　C3037　本体1700円（＋税）

◆**「道徳」授業の腕が上がる新法則 4〜6年生編**
河田孝文・堀田和秀 編
978-4-909783-39-4　C3037　本体1700円（＋税）

各巻A5判並製
※印はオールカラー

激動する社会の変化に対応する教育へのパラダイムシフト —— 谷 和樹

　PBIS（ポジティブな行動介入と支援）というシステムを取り入れているアメリカの学校では「本人の選択」という考え方が浸透しています。その時の子ども本人の心や体の状態によって、できることは違います。それを確認し、あくまでも本人にその時の行動を選ばせるという方法です。これと教科の指導とを同じに考えることはできないかも知れません。しかし、「本人の選択」を可能にする学習サービスが世界的に広がり、増え続けていることもまた事実です。

　また、写真、動画、Webページなど、全教科のあらゆる知識をデジタルメディアで読む機会の方が多くなっているのが今の社会です。そうした「デジタル読解力」について、今の学校のカリキュラムは十分に対応しているとは言えません。

　子どもに「本人の選択」を保障する考え方、そして幅広い「デジタル読解力」を必須とする考え方を公教育の中で真剣に考える時代が到来しつつあります。

　本書ではこうしたニーズにできるだけ答えたいと思いました。

　本書の読者のみなさんの中から、そうした問題意識をもち、一緒に研究を進めていただける方がたくさん出てくださることを心から願っています。

日本のすべての教師に勇気と自信を与えつづける永遠の名著！

向山洋一　教育新書シリーズ

向山洋一 著

〈すべて本体 1000 円＋税〉

① 新版 授業の腕を上げる法則
「授業とはどのようにするのか」の講座テキストとして採用してきた名著の新版。

② 新版 子供を動かす法則
新卒の教師ですぐに子供を動かせるようになる、原理編・実践編の二部構成。

③ 新版 いじめの構造を破壊する法則
小手先ではない、いじめが起きないようにするシステムをつくる・制度化する法則。

④ 新版 学級を組織する法則
授業も充実できる、通学が楽しみになる学級づくりの原理・原則（法則）。

⑤ 新版 子供と付き合う法則
技術では語れない「子供と付き合う」ということの原理・原則。

⑥ 新版 続・授業の腕を上げる法則
自分の中の「未熟さ」や「おごり」を射抜きプロ教師をめざすための必読書。

⑦ 新版 授業研究の法則
授業研究の進め方や追究の仕方など、実践を通してさらに具体的に論じた名著。

⑧ 小学一年学級経営 教師であることを畏れつつ
一年生担任のおのきと驚きの実録！　一年生を知って、一人前の教師になろう！

⑨ 小学二年学級経営 大きな手と小さな手をつないで
二年生のがんばる姿をサポートする教師と保護者の絆が子供の成長を保障する。

⑩ 小学三年学級経営 新卒どん尻教師はガキ大将
どん尻で大学を卒業した私を目覚めさせた子供たちと教師生活の第一歩。

⑪ 小学四年学級経営 子供の活動ははじけるごとく
すべての子供がもっている力を発揮させる教育をめざす教師のありよう。

⑫ 小学五年学級経営 先生の通知表をつけたよ
一人の子供の成長が、クラス全員の成長につながることを知って学級の経営にあたろう。

⑬ 小学六年学級経営 教師の成長は子供と共に
知的な考え方ができる子供の育て方を知って知的なクラスを作り上げる。

⑭ プロを目指す授業者の私信
メールにはない手紙の味わい。授業者たちの真剣な思いがここに。

⑮ 新版 法則化教育格言集
全国の先生が選んだ、すぐに役に立つ珠玉の格言集。

⑯ 授業力上達の法則1　黒帯六条件
「自分は力のない教師だ」と思う教師には、力強い応援の書。

⑰ 授業力上達の法則2　向山の授業実践記録
『新版授業の腕を上げる法則』からの続編。実践での活用の書。

⑱ 授業力上達の法則3　向山の教育論争
子どもたちの事情・個性に応じて様々な学校の対応が必要だ。

学芸を未来に伝える
学芸みらい社
GAKUGEI MIRAISHA